「区分所有オフィス」投資による最強の資産防衛

経営者新書

宮沢文彦
MIYAZAWA FUMIHIKO

GENTOSHA
幻冬舎MC

はじめに

２０１６年1月29日、日銀はマイナス金利政策の導入を決定し、翌月16日には各金融機関が日銀にお金を預ける際の金利がマイナス０・１％となりました。マイナス金利の導入は、目標である物価上昇率２％へ向けての非常にインパクトのある景気刺激策です。

これには預金金利の引き下げなどいくつかのデメリットも伴いますが、資産防衛を考える不動産投資家にとっては朗報といえます。なぜなら、ローン金利も引き下げられるからです。不動産投資というものは、できるだけ低い金利で資金を調達し、長期的視野で取り組むからこそメリットが大きくなる投資方法です。

現在、株式投資、太陽光発電など中小企業のオーナーや資産家が取るべき資産防衛策は数多く存在します。しかし、その大半はメリット・デメリットが混在し、決定打となるものではありません。

たとえば、株式投資は短期間に大きな利益を得られる可能性があるものの、値動きが早すぎて予測が難しいため、専業の投資家ならまだしも多忙な経営者が勝ち組になるのは非常に困難です。

そこで、時間や手間がかからずインフレにも強いといった理由から、「不動産投資」が相続税や事業承継の対策としても有効とされています。手軽に投資を行いやすい住居用物件が人気で、特にタワーマンションは節税効果が高いため、資産家から注目を集めています。

とはいえ、住居用不動産も決定的なリスクを孕んでいます。人口の減少が続く日本では資産価値が下がり続けているため、実際にマンションなどを相続して売却しようとしたところ、購入価格の半額程度にしかならないという事例が続出しています。これでは、節税で得する金額よりも値下がりで失う金額の方がはるかに上回ることになります。

また、住居用不動産のリスクとして家賃滞納も挙げられます。賃料が入ってこないのに、借り手は存在しているため新たに貸し出すこともできず八方塞がりとなる――そんな状況に頭を抱える資産家は後を絶ちません。

このように、資産防衛策として有望視される不動産投資においても、住居用物件にはいくつものリスクが付きまとっているのです。それでは、不動産投資もやはり資産防衛策の決定打となることはできないのでしょうか。

私は営業や不動産コンサルタントで培った経験をもとに、収益不動産を核とした資産形成のコンサルティング会社を設立し、相続税対策や将来の事業承継対策に悩む法人・個人に、多くの〝都心のオフィスビル〟を販売し、資産防衛のサポートをしてきました。

多くの企業経営者にとってオフィスビルは、資産防衛策としての検討対象にすら入っていなかったと思います。私のお客様でも、「オフィスビル投資で資産防衛」と初めて聞いたときは驚かれる（そして不安な表情をされる）方がほとんどです。

たしかに従来、オフィスビルの売買は、資金力のある大企業や投資ファンドによる非常に閉ざされたマーケットのなかで行われていました。何十億円もの巨額な資金を自在に動かせる組織だけが、その甘い蜜の味を知っていたのです。

しかし、中規模のオフィスビル1棟を分割して複数のオーナーでフロアごとに所有する

「区分所有オフィス」なら、安定した賃料収入を期待できるのはもちろん、相続・事業承継対策の効果も抜群です。その有用性は、不動産に限らずほかのどの投資にも負けません。これこそが、不動産投資のメリットを損なわないままリスクを排した、新しい種類の不動産だといえるのです。

そこで本書では、数々の資産防衛策のメリット・デメリットを解説した上で、「区分所有オフィス」の有用性・選び方までを余すところなく紹介します。

マイナス金利が追い風になっている今、この本が資産防衛に悩む多くのオーナーや資産家の皆さんのお役に立つことになれば、著者としてこれに勝る喜びはありません。

2016年7月吉日

宮沢 文彦

「区分所有オフィス」投資による最強の資産防衛　目次

第3章　都心×中型オフィスビル×区分所有が、資産を確実に守る最強の方程式　

第1章　マイナス金利時代、資産防衛をどう考えるべきか？

マイナス金利時代がはじまった

経済というものは刻一刻と変化しています。一秒たりとも立ち止まってはいません。最近の劇的な出来事としては、日本銀行（以下、日銀）の「マイナス金利」導入が挙げられるでしょう。２０１６年2月16日から各金融機関が日銀にお金を預ける際の金利がマイナス０・１％となりました。これは預金をすると、その利子を日銀へ支払うという、今までとは逆の取引が生じるということです。

なぜこのような政策が実施されたのか――。

その理由は、政府としては各金融機関が日銀へお金を預けるよりも、企業への貸し付けや、ほかの投資へ回してほしいからです。この意味するところは、目標である物価上昇率２％へ向けての景気刺激策ということです。

日銀は今まで景気刺激策として量的緩和と質的緩和を講じてきました。前者は、日銀が各金融機関から国債を買い取り、金融機関が自由に使える現金を増やすことで経済を活性化させようとする政策です。後者は、日銀が各金融機関から買い取る資産の対象を広げ、ＥＴＦ

（上場投資信託）や超長期国債などの金融商品も買い取る動きのことです。

しかし、どちらも決定打とはならず手詰まり感が漂っていました。そこで日銀の黒田東彦総裁が打ち出した新たな策がマイナス金利なのです。

この影響は、早速私たちの生活にも目に見えるものになっています。２月16日、三井住友銀行は普通預金の金利をそれまでの０・０２％から過去最低の０・００１％に引き下げました。続いて２月22日、三菱東京ＵＦＪ銀行とみずほ銀行も０・００１％に。三大メガバンクすべてが過去最低金利となったわけです。

さらに、ゆうちょ銀行も２月23日、同じく０・０２％から０・００１％に引き下げました。

こうした金利引き下げの動きは、当然ながら地方銀行にも同様に表れています。

すなわち従来、低い金利で資産防衛策としてメリットが小さいといわれてきた預金が、さらにメリットを失い、家庭の現金がタンス預金や生命保険、投資信託などの他の金融商品へ流れる傾向が強くなったのです。

ところが、他の金融商品にもマイナス金利の負の影響が出ています。

たとえば生命保険ですが、バブルが弾け低金利時代へと突入して以降、貯蓄性の高い一部の生命保険は、定期預金よりも利回りが高いために人気がありました。

しかし、大手の第一生命の子会社をはじめ、富国生命や太陽生命など各社がこのような商品の販売を停止しています。これはマイナス金利によって国債の利回りが低下し、生命保険会社の運用益が減少したために契約者に約束した利回りの確保が困難になったためです。

住友生命や明治安田生命といった大手、そしてかんぽ生命は、一部の商品の予定利率を過去最低水準まで引き下げています。

また投資信託では、大手の日興アセットマネジメントが、国債や社債など極めて安全性の高い債券を中心に運用する商品であるＭＭＦについて全額繰り上げ償還することを決めました。マイナス金利によって投資環境が厳しくなったことが理由です。また、ＭＭＦに関しては、国内で扱う11社すべてが取り扱いを停止しています。

マイナス金利の恩恵を受ける不動産投資

マイナス金利によって、預貯金や生命保険、投資信託といったメジャーな資産防衛策は大きな打撃を受けていますが、劇薬にはさまざまな効力もあります。その一つとして顕在化しているのが「ローン金利の低下」です。

ローン金利が低下するなかで、もっとも恩恵を受ける資産防衛策の一つが不動産投資でしょう。詳細はこの後に説明しますが、不動産投資の多くは金融機関からの融資によって資金を調達します。したがって、ローン金利が低ければ低いほどリターンが大きいのです。

従来、不動産投資は、「ミドルリスク・ミドルリターン」といわれてきました。融資とはいえ数千万円、場合によっては1億円以上という多額の資金（リスク）が必要なのに、賃料収入（リターン）は、株のように1日で数十万円も儲かることはありません。バブル期は購入して1年後に、4倍から5倍の価格で売却できることがありましたが、現在はそのような短期間でキャピタルゲイン（売却益）を得られるケースはほぼないため、投機的な資産運用としての不動産投資はお勧めしません。できるだけ低い金利で資金を調達し、長期的視野で取り組むからこそメリットが大きくなる投資方法なのです。

ほかの投資にはないメリットを持つオフィスビル

マイナス金利によって、よりメリットが増した不動産投資――。しかし、直感的に理解できると思いますが、どの不動産を購入しても失敗しないわけではありません。

実際にマンション、アパートをはじめ、最近は海外不動産への投資も流行っているようですが、一般的にはどれも世代を超えた資産防衛という意味では有効とは言い切れず、リスクが低いとも言い切れない状況です（詳細は後述します）。

しかし、まだ一般的ではないローリスクな不動産投資の選択肢があります。

それこそが「国内の中規模オフィスビル」です。

一般的な投資先として、オフィスビルは馴染みがないかもしれません。

しかし、内容を吟味すると、ほかの投資先にはないアドバンテージがいくつもあります。

その代表的なものは次の2つです。

①住居系物件よりアセットとしての寿命が長い

マンションやアパートなど住居系のアセットは、新築時の賃料が一番高く、一部のプレミア物件を除き、その後の賃料は下がっていきます。

ところが、オフィスビルは規模と立地によって、長期間周辺相場と変わらない賃料を維持できるのが一般的です。その理由は、住宅系と違い入居者のニーズとして利便性が最重要視されるからです。

好立地で規模のあるオフィスビルはよほど外観が古びていない限り、最新のOA機器等の設備が使用できればテナントは満足です。住宅系のように築年数にこだわる人は、滅多にいません。

耐久性の低い木造アパートなどは、築20年を過ぎれば取り壊しを検討しなければなりませんが、鉄筋コンクリート造（RC造）、鉄骨鉄筋コンクリート造（SRC造）などのオフィスビルは、築40年を超えてもまだ現役です。

たとえば、竣工から45年以上が経過している霞が関ビルディングは、日本で最初の超高層ビルで、増築や改装などが行われ現在も問題なく利用されています。

②維持・管理がしやすい

賃貸住宅の場合、入居者退去時の原状回復費は基本的にオーナー負担です。国土交通省は、『原状回復をめぐるトラブルとガイドライン（再改訂版）』で、原状回復による契約関係、費用負担等のルールのあり方を明文化しています。

同ガイドラインでは、原状回復を次のように定義しています。

「原状回復とは、賃借人の居住、使用により発生した建物価値の減少のうち、賃借人の故意・過失、善管（善良な管理者）注意義務違反、その他通常の使用を超えるような使用による損耗・毀損を復旧すること」

要するに、わざとではない経年劣化による建物のキズや汚れは、入居者の責任にはできないということです。

具体的には、一般的な清掃で除去できる程度の喫煙によるクロスの変色、家具を置いたことによる床のへこみ、エアコン設置のためのビス留めなどは、通常の使用の範疇とされ、回復費を入居者に請求することはできません。

一方でオフィスビルの原状回復費は、基本的にテナント側の負担です。パーテーションや什器、備品、内装の装飾などを取り外し、いつでも次のテナントに貸せる状態にしてから退去してもらうことになります。住居系のようにどちらが負担するかでもめることが少ないのです。

また、住居系だと賃貸中に設備に不具合が起きた場合のコストの大きさも無視できませんが、設備そのものが少ない事業系はそうした心配がほとんどありません。

住宅系は、キッチンやバスルーム、トイレなどの水回り設備やエアコンが各戸ごとにあります。しかしオフィスビルには、そもそもキッチンやバスルームはありませんし、トイレは各階ごとに集中してあるので、メンテナンスが楽です。エアコンも屋根裏に設置するタイプの業務用なので家庭用よりは故障率が低くなっています。

もし、リフォームが必要になるほど経年劣化が進んだとしても、基本的には各階ごとに端から端まで見渡せるようなシンプルな間取りなので、壁紙や床材を張り替えるだけで、見違えるほどきれいによみがえります。おそらくほとんどの人は、内装を見ただけでは新築物件と区別がつかないでしょう。

つまりオフィスビルの維持・管理は、住宅系ほど手間もコストもかからないのです。

オフィスビルが、いかに安定して長期間の収益を生むかは、帝国データバンクが公表している長寿企業の調査結果を見れば一目瞭然です。

日本全国の創業100年以上の企業を調べたところ、2番目に多い業種が貸事務所業（オフィスビル経営）でした。東京都内に限定すれば、これが1番となります。

ちなみに全国の1位は、清酒製造業です。こちらは特殊なノウハウを持っていないと参入できない業態です。

しかし貸事務所業は、本業を営みながらでも、一定以上の与信さえあれば誰でも参入が可能です。

しかも賃料収入というものは、本業ほど景気に左右されず非常に安定しています。つまり、

図表1　事業系は、住宅系より優位性が高い

事業系 （オフィスビル）	比較項目	住宅系 （マンション・アパート）
法人	入居対象	個人
テナント負担	原状回復コスト	オーナー負担
3～6カ月前	解約予告	1カ月前
3～12カ月	敷金・保証金	0～2カ月
少ない	設備負担	多い
遅い	劣化スピード	早い
立地による	テナント付け	比較的容易
都心部は値崩れしない	売却価格	購入価格より値下がり

オフィスビルは、管理運営が容易で、値崩れしにくい

景気の影響を受けずに高い利益率を維持できる。それゆえ、長寿企業が多いのです。

オフィスビルへの投資は、マイナス金利時代に突入した今ならば、従来よりもさらにお勧めできる資産防衛策といえます。詳しくは次章以降で説明していきましょう。

図表２　創業 100 年以上の業種別構成比

	業種	社数
1	清酒製造	725
2	貸事務所業	674
3	酒小売	601
4	呉服・服地小売	569
5	旅館・ホテル経営	541
6	婦人・子供服小売	491
7	酒類卸	418
8	木造建築工事業	383
9	一般土木建築工事業	376
10	ガソリンスタンド経営	364

（出典）帝国データバンクのデータ（2014 年）を基に作成

第2章　知っておきたい「資産防衛策のメリット・デメリット」

第1章では、マイナス金利時代の資産防衛策として「オフィスビルの優位性」を紹介しましたが、実際にはほかにも多種多様な資産防衛策があります。それらの選択肢や特徴を知らなければ、その優位性を納得できないという人も多いはずです。

そこで一般的な資産防衛策のメリット・デメリットをご説明しましょう。

知っておきたい「生命保険」のメリット・デメリット

メリット①「資産防衛策における強みが多い」

生命保険のメリットはなんといっても死亡や入院時の保障にプラスして運用益や節税効果も得られることです。この3点セットは、ほかの資産防衛策では見当たりません。

メリット②「運用益」

生命保険のなかでも変額保険といった一部の商品では、運用によって将来受け取れる金額が定期預金を大きく上回る可能性があります。また、運用がうまくいかなくても死亡保険金は減りません。さらに保険料は一般的な生命保険よりも割安に設定されているので保障も重視する人に向いた商品となっています。

メリット③「節税効果」

保険の種類によっては、節税効果が期待できるタイプもあります。

このタイプの生命保険は、ある一定の割合の支払い保険料を損金で落とすことができます。保険期間中に死亡すればその保険金が得られますが、満期を元気に迎えた場合、お金は１円も入りません。いわゆる掛け捨てタイプです。

ただし、中途で解約した場合のみ解約返戻金が発生します。解約返戻金は預貯金のように毎年貯まっていきます。

ところが解約返戻金を受け取ると、これまで支払った保険料のうち資産計上されていた部分との差額が雑収入として法人税の対象となってしまいます。

そこで解約返戻金をそのまま個人の退職金として支払うことで、法人税の加算はなくなるという方法が使われることがあります。退職金の所得税率は、法人税率よりもかなり低いからです。退職所得は、申告分離課税となり、確定申告を行います。

デメリット①「元本割れの可能性がある」

変額保険は、国債の利回りが低下するなどの理由で生命保険会社の運用益が減少すると、契約者に約束した利回りの確保が困難になります。つまり元本割れの可能性があるのです。

デメリット②「解約のタイミングを見定めるのが難しい」

保険を利用した節税のテクニックは非常に難易度の高いものです。仕組みが難しく手続きも煩雑で、保険会社の人間でも熟知している人は少ないでしょう。

単純に中途解約をしただけでは意味がなく、最適なタイミングでなければ解約返戻金が支払い総保険料を上回りません。今現金が必要だからという理由で、突然解約すると返戻金が少なくなり損をするケースが多々あります。

また、各保険会社に同じような商品はありますが、詳細は異っており、熟知した人間が比較検討しなければベストプランは選べません。単純に保険料の安さで比べるのではなく、返戻率の高さなど比較材料が多いのです。

デメリット③「保険会社破綻の可能性がある」

保険の掛け金は、保険会社によって運用されます。運用方法は、おもに国債や外国証券などの有価証券です。したがって運用に失敗すれば破綻することになるのです。

実際に日本の生命保険会社では、過去8社が破綻しました。そのすべてで貯蓄系の保険加入者は、予定通りの額を受け取ることができない状況になっています。

そして、保険金や解約返戻金は景気に連動しません。たとえ死亡保障1億円として加入しても、インフレの進行度によっては妻や子どもが受け取るとき、半分程度の価値しかないかもしれないのです。

知っておきたい「株式投資」のメリット・デメリット

メリット①「情報量が多い」

預貯金に次いで、メジャーな資産防衛策が株式投資です。転職サイト@typeの調査によると、現在投資をしているビジネスパーソンのうち、45％は株式投資を行っています。会社経営者や資産家に限らず、非常に人気のある投資方法といえるでしょう。そのため情報量も多く、日本経済新聞をはじめ、専門誌、インターネットなどから手軽に情報を収集することが可能です。

メリット②「大きな利回りの可能性」

株式投資の最大の魅力は、預貯金では得られない大きな利回りの可能性です。たとえば、最近のニュースでは２０１５年11月４日、日本郵政株式会社が上場をしました。公募価格は１４００円。それが12月７日には１９９７円まで上昇しました。わずか1カ月で約40％も資産が増えたのです。その間株主はただ株を所有しているだけ。まったく働かないでこの利回りは、一度味わったら忘れられないでしょう。

メリット③「インフレに強い」

１９５０年の日経平均株価は１００円前後です。それが２０１６年4月では1万７０００円前後となっています。約１７０倍です。したがって、現金を持っているよりも、はるかに確実な資産防衛といえるでしょう。

デメリット①「元本保証がない」

日経平均株価は長期的に見れば上がり続けています。しかし、個別に見れば当然ながら下がる銘柄もあり、元本は保証されておりません。それどころかいくら多額の資金を費やしても、倒産によって株価がゼロになるなんてことも十分あり得ます。現にこの20年で上場廃止銘柄は２００を超え、全体の５％が紙切れになっています。

デメリット②「値動きが早い」

株価の動きは景気に敏感に反応します。

たとえば、リーマン・ショック前の２００７年の日経平均終値は１万５３０７円でした。ところがリーマン・ショック後の２００８年には８８５９円にまで下がりました。約42％減です。１０００万円で買った株が１年後に５８０万円になってしまったのです。

それ以前のバブル崩壊を見ても分かるように、株は大暴落することが少なからずあります。

さらにリスキーなのは、株価は毎日上下しているということです。値の動きが早すぎるのです。本業を持つ人なら、まずこの動きにはついていけません。

海外の投資ファンドなどが情報操作をするのが当たり前の非情な世界において、これについていけるのは株式投資で生活をしているプロだけです。

不動産投資が優位とされる5つの理由

さまざまな資産防衛策のなかでも、私は特に不動産投資をお勧めしています。その理由は以下の通りです。

①レバレッジ効果が高い

レバレッジ効果とは、元々「てこ（lever）の作用」という意味です。そこで経済学的には、他人の資本を利用することで、自己資本に対する利益率を高めることを指します。

投資やビジネスをはじめるときは、ほとんどの場合で自己資金が必要です。この自己資金が多ければ多いほど多くの見返り、すなわち利益も期待できるはずです。

ところが不動産投資の場合は、金融機関の借り入れを活用できるので、レバレッジ効果を利用して少ない自己資金で多くの利益を得ることができます。

たとえば物件価格の３割程度の自己資金（頭金）を出資し、残りの資金を金融機関から借りることでより良い立地、広い土地・建物を購入することが可能になります。

5000万円の自己資金に対して、融資額1億5000万円を加えれば2億円の資金です。これは4倍のレバレッジ効果です。

②資産価値がゼロになることがない

不動産は永遠に残ります。たとえ建て替えが必要なほど古いワンルームマンションで建物の価値がゼロになったとしても、持ち分の土地の価値は残るのです。

不動産は、よほど立地条件が悪くない限り資産価値がゼロになることはありません。株式のようにタダ同然になるというリスクは、ほぼないのです。

③長期間安定した利益を生む

マンション、アパート、駐車場など不動産投資にはさまざまな方法がありますが、ほとんどは物件自体が賃料という安定した利益を生み出します。

④インフレに強い

不動産投資は、ほかのどの投資と比べてもインフレに強いといえます。

消費者物価指数は１９５０年から２０１４年までに８倍になりました。したがって不動産の価格が同じ期間に８倍以上上昇していればインフレに強いということがいえます。

では、実際に何倍になっているのでしょうか。


１９４７年、銀座４丁目交差点付近の坪単価は15万円でした。それが２００８年には１億７０００万円に上昇しています。１１３３倍です。

株式もインフレに強いと書きましたが、それでもほぼ同期間での値上がり倍率は約２００倍です。立地条件にもよりますが、不動産のインフレの強さは圧倒的といえるでしょう。

⑤キャピタルゲイン（売却益）も期待できる

短期的な視点でキャピタルゲインを狙っての不動産購入はお勧めしません。昨今の不動産相場は、バブル期のように急上昇することはほとんどありませんし、後で説明するように不動産は長期間所有することでさまざまなメリットが増すからです。

だからといって、最終的にキャピタルゲインが期待できないということではありません。前述のように不動産価格を長期的に見ると、着実に上昇を続けています。バブル期のように1年で4倍、5倍というキャピタルゲイン狙いで、短期での売却益を追求しなければ損をすることも少ないでしょう。

キャピタルゲインに関しては、株式と比較しても期待は大きいといえます。

次のグラフは、ここ40年間の日経平均株価と東京23区商業地の基準地価との関係を示しています。

これを見ると、株価と基準地価がほぼ同じような動きをしていることが分かります。株価が上がれば基準地価も上がる。株価が下がれば基準地価も下がる。バブル期の1990年前後は大きな山を描き、地価の上昇率は株価の約2倍になっています。

ではなぜ2倍なのかについては、私の考えでは、供給の少なさが影響しているからだと思います。

株式は、企業の業績が良くなれば、新規公開、エクイティファイナンス、新規発行などで

図表３

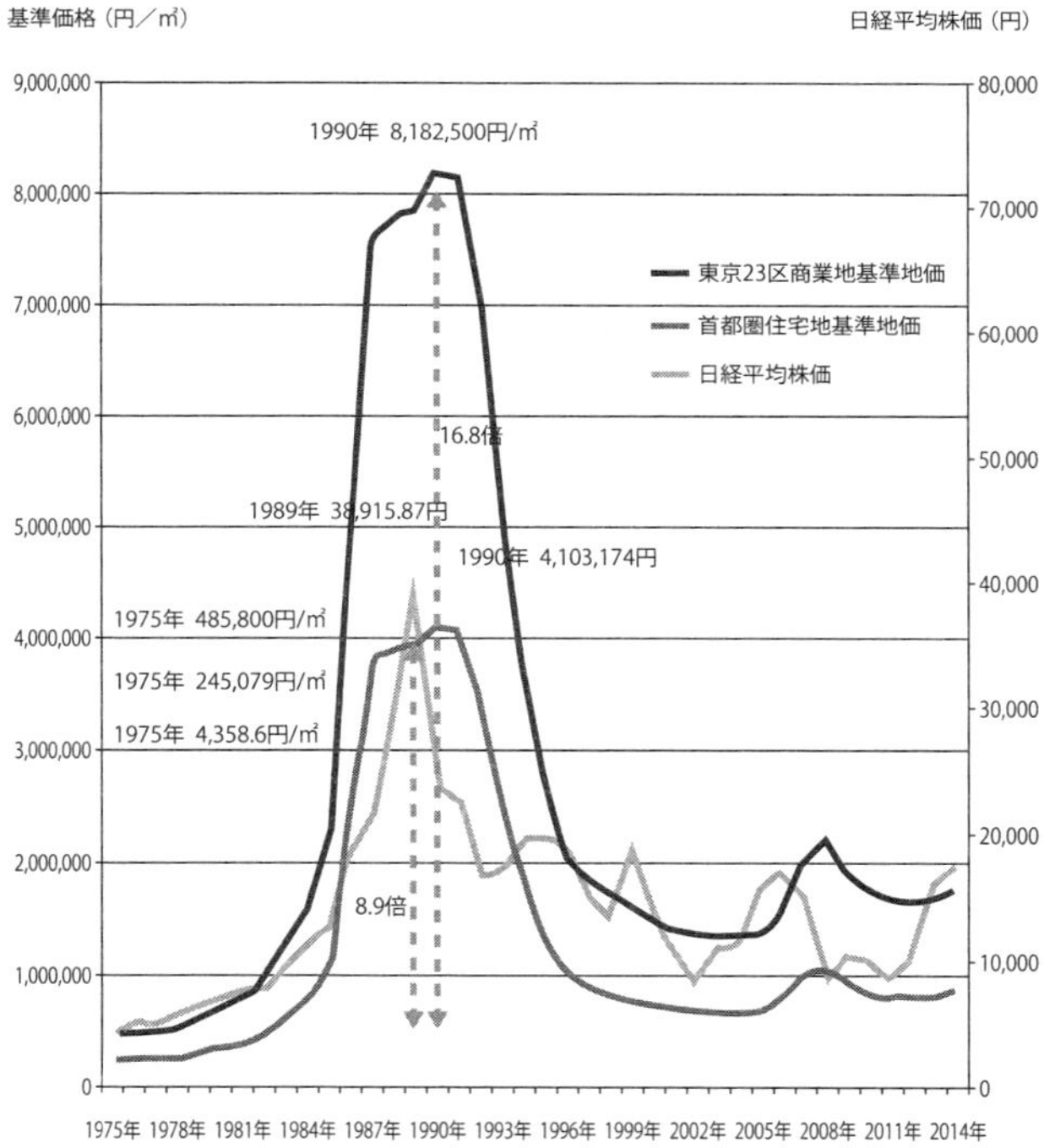

（出典）東京都財務局のデータを基に作成

供給を増やすことが可能です。

一方で東京23区の商業地は、物理的に増やすことができません。したがって供給を増やすことは不可能です。

需要と供給のバランスで東京23区の商業地の基準地価は、株価よりも上昇率が高いのです。

株式投資をする目的は、ほとんどが1年前後といった短期間でキャピタルゲインを得ることでしょう。

しかし、新規公開株など特別な銘柄でない限り、せいぜい3割程度の上昇です。

一方でたとえ短期であっても不動産価格は、株価が上昇傾向なら2倍以上になることも十分あり得ます。それどころか世代を超えて数十年所有すれば、100倍以上になることも夢ではないのです。

私がお勧めする不動産投資の目的は安定したインカムゲインを得ることですが、株価が上昇傾向にあるときならキャピタルゲインを得ることも視野に入れることができます。

不動産投資と聞くと、反射的にアレルギー反応を示す人は少なくありません。バブル崩壊後に痛い目にあった、もしくは身近で痛い目にあった人がいた、といった理由からでしょう。しかし、これは前述のように短期でキャピタルゲインを求めたがゆえの結果です。資産価値の高い物件を、しっかりと長期的な計画を立てて購入すれば、失敗することはまずありません。

不動産投資で失敗する人の多くは、その時々の流行に乗ってしまい、本当に価値のある物件かどうかを見極めないまま購入に踏み切っています。バブル期に自己資金ゼロでも買えると、サラリーマンの多くが手を出したワンルームマンションなどがそれに当たります。

不動産投資にもさまざまな種類があります。そのすべてがミドルリスク・ミドルリターンというわけではありません。なかには、ハイリスク・ローリターンな物件もあれば、ローリスク・ミドルリターンな物件もあります。

ここからは、そんな失敗しがちな不動産物件のメリット・デメリットを紹介しましょう。まずは海外不動産投資からです。

知っておきたい「海外不動産投資」のメリット・デメリット

メリット①「経済成長率の高い国の物件を選べる」

海外ならば日本よりも割安な物件がいくらでもあります。しかも経済成長率の高い国ならば物件価格の上昇による大幅なキャピタルゲインも期待できます。

メリット②「為替レートによるキャピタルゲインも狙える」

たとえばアメリカの物件を1ドル100円のときに100万ドル（1億円）で購入したとします。それを1ドル120円のときに売却すれば、120万ドル（1億2000万円）になります。つまり、為替レートの上昇だけで20万ドル（2000万円）の利益が得られるのです。もし現地の物件価格も上昇していれば、さらに多くの利益が得られます。

メリット③「大きな節税効果を期待できる」

海外の不動産、特にアメリカの不動産の場合、日本よりも土地の単価が低いため購入価格に占める建物の割合が高くなります。つまり、同じ購入価格で比べれば日本の不動産より減価償却できる金額が多くなります。

さらに、減価償却期間経過後の物件を購入した場合は、木造住宅なら4年、ＲＣ造なら8年と短期間で減価償却できるので、利益が多く出たときに大きな節税効果を期待できます。

デメリット①「カントリーリスクがある」

海外不動産の魅力は、なんといっても「日本より多くのキャピタルゲインを得られる可能性がある物件に対して投資できる」ということです。

この魅力は、当然ながらアメリカやイギリスといった先進国への投資では享受できません。日本よりもいくらか高いとはいえ、世界的に見れば経済成長率がそれほど伸びてないからです。

したがって、より多くのキャピタルゲインを狙うなら、投資対象は新興国の物件ということになります。最近はマレーシアやフィリピンといった成長著しい東南アジアの国々へ投資する人が増えているようです。

しかし新興国には、必ず大きな「カントリーリスク」があります。カントリーリスクとは、その国ならではの政治や経済、災害などの要因によって投資した資産が回収できない危険性です。

たとえば内戦、戦争、デフォルト（債務不履行）、ハイパーインフレ、為替政策、大水害などです。海外不動産への投資は、事前にこれらに対する徹底した情報収集が不可欠です。

また、新興国の不動産投資は、物件が完成する前のプレビルドという状態で購入するのが一般的です。この状態で購入したものの、デベロッパーの資金難などの理由で完成できずに投資資金が回収できないといったケースもあり得ます。

デメリット② 「為替リスクがある」

当然ながら為替レートは下がることもあります。いくらプラスの利回りで経営を続けていても、売却時の為替レートが下がっていればトータルの収支がマイナスになることもあるのです。したがって、売りたくても為替が下がっているので売れない、ということもあり得ます。

このようなリスクを避けるためには、現地の物件、管理会社だけでなく政情なども見極める目が必要です。

デメリット③「現地情報を得ることが困難」

海外の物件を購入するには最低でも次のことは調べなければなりません。

- 今後の人口動態
- 不動産賃貸・売買取引の商習慣
- 平均収入
- 今後の地域開発予定
- 外国人に対する不動産所有の法律
- 税制

・賃料相場

未経験者が外国のこのような情報を得るのは不可能に近いでしょう。そのため現地の信頼できる仲介業者へ依頼するケースがほとんどですが、その仲介業者を探すのも困難なのが実情です。

一般的には、「日本の不動産は世界の中でも高い」と思われがちですが、実は違います。香港やアメリカ、シンガポールの方がずっと高いのです。

金利は低い、物件価格は安い、さらに先進国なので、政変などで長期経営を断念せざるを得ないような状況になる心配はありません。こんなに良い条件は世界中見渡しても日本だけでしょう。

その証拠の一つとして、ノルウェー政府年金基金は、東京のオフィスビルへの投資をはじめることを決めました。2015年10月19日の日本経済新聞によると、投資金額は6000億円から9600億円になる見込みとのこと。東京の不動産に着目する理由については「グローバルなビジネスが集結し、長い目で市場の成長が期待できる」としています。

知っておきたい「国内マンション・アパート経営」のメリット・デメリット

メリット①「特にレバレッジ効果が高い」

各金融機関は株式やＦＸなどへの投資資金は融資してくれません。ところが、マンション・アパートへの融資には前向きです。それだけ家賃収入は安定しているからでしょう。それゆえ、投資額が数千万円以上と大きい割に、頭金ゼロで融資を受けられることも珍しくありません。レバレッジを活かせる不動産投資のなかでも特に効果が高い投資といえるでしょう。

メリット②「手間がかからない」

家賃の回収やクレーム対応などの日常の業務のほとんどは、委託先の管理会社が行います。オーナーはほぼノータッチで経営が可能です。本業を持つ人にとっては、手間のかからない理想的な資産防衛策です。

メリット③「リスクの分散が可能」

たとえば、新築ワンルームマンションの場合、都内の物件でも足立区や江戸川区といった城東エリアであれば、2000万円程度で購入できるので、比較的手軽に投資をはじめられます。2000万円の物件なら金利2％、30年ローンで購入すれば、毎月の支払いは7万4000円です。

つまり7万4000円以上で貸すことができればキャッシュフローはプラスとなり不労所得が得られることになります。資金に余裕があれば、複数のワンルームマンションを所有することで、収益を増やすと同時に、空室リスクを分散させることも可能です。

デメリット①「競争が激化している」

2000年に発売された『金持ち父さん 貧乏父さん』（ロバート キヨサキ著・筑摩書房）

などをきっかけに、ワンルームマンションやアパートへの投資が大ブームとなりました。その結果、サラリーマンオーナーなどが急増し、首都圏を中心に供給過剰で賃料相場が下がってきています。

数年前から投資用マンション・アパート市場は、供給過多の状態です。試しに「住みたい街ランキング」で上位に来る街の駅周辺を歩いてみてください。どこも賃貸住宅だらけのはずです。

すでに賃貸物件のオーナーとなった人たちは、弱肉強食の市場を勝ち抜くため、消耗戦を続けています。

敷金・礼金ゼロや、最初の数カ月間の家賃を無料にするフリーレントも珍しくありません。これだけでは勝てないので、管理会社へ賃料1～2カ月分の広告料を支払って入居者を募集しているケースもあります。

こんな悲惨な状態にもかかわらず、賃貸物件は増え続けているのです。

国土交通省の新設住宅着工戸数によると、借家系は２０１１年度で29万７０００戸でしたが、２０１２年で32万７０００戸、２０１３年度で37万５０００戸でした。２０１４年度は

36万6000戸と若干勢いが鈍りましたが、猛烈に増えていることに変わりはありません。

デメリット②「人口減による空室増加」

現在の日本は人口減少の時代に突入しています。国土交通省が運営している長期展望委員会では、2005年に1億2777万人だった日本の人口が2050年には1億人を割り9515万人になると推測しています。なんと25・5%も減ってしまうのです。

地域別に見ると、北海道が43・3%。東北が39・8%など地方の減少率の高さが目立ちます。日本三大都市圏である近畿圏でも28・1%と決して低くはありません。

このような背景から多くの賃貸住宅は空室に悩んでいます。総務省統計局の集計によると、2013年の住宅の空き家率は13・5%で過去最高になりました。賃貸住宅に限れば18・9%。およそ5戸に1戸は空室です。しかもこの10年で5%近く増えています。

人口減の時代に突入した日本では、今後も空室率が増加していくのは目に見えています。

バブル時代のリゾート地では、1戸数千万円の高級リゾートマンションが次々に建設されました。それが今では使う人がいないために１００万円程度で投げ売りされています。人口減少に向かう日本では、都内の賃貸住宅でも同様の事態に直面するはずです。

一括借り上げ契約の落とし穴

テレビＣＭや新聞広告で「一括借り上げ」「30年間家賃保証」といった文字を目にする人は多いのではないでしょうか。

一括借り上げとは、管理会社などが賃貸物件を一定期間にわたって借り上げ、入居者に転貸（サブリース）することです。常に空室の不安があるオーナーにとっては、魅力的な契約として最近利用するケースが急増しています。

ところが、一括借り上げ契約には致命的な〝落とし穴〟が潜んでいます。その理由には次のようなものがあります。

①手数料

収益物件の最大のリスクは空室です。そのため、ワンルームマンションをはじめ、賃貸住宅の多くは、実際の空室の有無にかかわらず一定の家賃収入が得られる「一括借り上げ契約」を締結します。これでオーナーは空室の心配から解放されるのですが、その代償として当然手数料を支払うことになります。相場は家賃の10％といったところでしょう。

仮に毎月のローン支払額と賃料が同額なら手数料を差し引くと赤字です。

収益物件を販売する多くの不動産会社は、このような内容の収支計画書を提出する際に次のようなことをいいます。

「ローン返済中のキャッシュフローは、同額か若干のマイナスです。しかし30年後の完済後も物件は残ります。したがってほとんど無料で２０００万円のワンルームマンションが手に入るんです」

たしかに、この説明は間違っていません。

しかし、30年後のマンションにどれだけの価値が残っているのでしょうか。

②定期的な家賃の見直し

ほとんどの一括借り上げ契約には、定期的な家賃の見直し条件が付きます。1年から数年ごとに空室状況などによって賃料が見直されるのです。

つまり物件が古くなって低い家賃しか取れない状況になれば、それに比例して借り上げ賃料も下がっていきます。しかもこの金額は供給過剰な市場ですので、今までよりも下落速度が速まる傾向にあります。

③定期的なメンテナンス

マンション・アパートともに清掃などの定期的なメンテナンスと大規模修繕が義務づけられます。大規模修繕の内容は、外壁塗装や防水工事など多岐にわたります。ほとんどの場合、施工会社は指定され、この費用には管理会社の利益も含まれるので割高なケースも多々あります。

また、現状の汚れ、傷み具合にかかわらず定期的に行われるので、場合によっては無駄な工事となります。

④空室に対する免責期間

空室の有無にかかわらず、一定の家賃が入ってくるのが一括借り上げ契約の魅力です。ところが多くの契約では1カ月から3カ月程度の免責期間があります。空室になってからこの期間は賃料が入ってきません。

⑤天変地異や大規模な経済情勢の変動による解約

ほとんどの一括借り上げの契約書には、「天変地異や大規模な経済変動が起こった場合は解約できる」といった一文が入っています。

したがって、管理会社の経営状態によっては突然解約されることもあり得るのです。

実際、私たちの会社には、すでにマンションやアパートを経営している人がたくさん相談に来ます。その内容は、「賃貸住宅の経営に疲れた」といったものがほとんどです。

毎日、空室が出ないか心配し、出れば入居者が見つかるまで気持ちが落ち着きません。

さらに給湯器やエアコンなどの設備が壊れれば10万円単位のお金が不定期に出ていき、約

10年ごとの外壁塗装などの大規模修繕では１００万円から１０００万円単位のお金が飛んでいきます。本当に儲かったかどうかはローンが終わる30年後まで分からない、というのです。

大家業と聞けば、地主が大した努力もせずにのんびりと行っているのに十分儲かっている、というイメージがあるのではないでしょうか。

たしかにバブルに入るまではそうでした。

しかし、バブル期に入り賃貸物件の経営は、投資として認識され、銀行などの金融機関が、その資金の融資に前向きになりました。

つまり土地を持たない人でも、比較的簡単に参入できるようになったのです。その結果がこのような供給過多の状況です。

さらに人口減の時代に突入した現在、それでもマンション・アパート経営の未来は明るいといえるのでしょうか。

知っておきたい「国内タワーマンション経営」のメリット・デメリット

メリット①「相続税対策に有効」

最近は賃貸物件経営のなかでも、特にタワーマンションに注目が集まっています。

その最大の理由は、相続税対策。２０１５年からの相続税の基礎控除額の引き下げに加えて、２億円以上３億円以下の税率が40％から45％に、６億円以上の税率が50％から55％に引き上げられました。数億円単位を相続する富裕層には大変厳しい増税といえます。

タワーマンションの所有は、このような億単位の相続税を効率よく節税します。なぜならタワーマンションによって、相続税評価額を大幅に圧縮することができるからです。

その仕組みはこうです。

相続税の納税額は、相続する資産の相続税評価額で決まります。現金の場合は金額がイコール評価額になります。

ところが土地と建物は時価よりも低く評価されるので、現金で相続するよりも節税効果が得られます。

また、マンションの場合、土地は専有部分の面積で按分された持ち分での評価となります。そのため土地の面積に対して戸数が多いタワーマンションは、１戸当たりの土地の持ち分が小さくなり、一般的なマンションや戸建てより評価額が低くなるわけです。

土地の評価額は、所在階や部屋の向きなど実勢価格に大きく影響する諸条件は考慮されず、一律持ち分面積で決まります。

ここが重要なので、具体的に例を挙げて説明しましょう。

A、Bは同じマンションです。

物件A

所在階：45階
向き：南向き
専有面積：70㎡
分譲価格：１億円

相続税評価額：4000万円

物件B

所在階：2階
向き：南向き
専有面積：70㎡
分譲価格：7000万円
相続税評価額：いくらでしょう？

これらの物件を相続した場合、どちらの評価額が高くなると思いますか？

おそらく多くの人は、分譲価格が3割増しなわけですから、物件Aと答えると思います。

しかし、実際には物件Bも同じ4000万円です。

マンションの相続税評価額は同じ建物、面積の場合、同額になるのです。だから、実勢価格が高くなるタワーマンションの最上階に近いほど節税効果も高くなるといえます。

この例の場合は、１億円の価値の物件が４０００万円と評価されました。60％圧縮という大きな節税効果です。

ところが、さらに節税効果を期待できる方法があります。それは「小規模宅地等の特例」を利用するのです。

これは賃貸マンションなど、他人に貸すための不動産を相続する際は、一定の面積まで評価額が50％から80％減額される制度です。

タワーマンションを所有し賃貸に出せば、相続税評価額を80％程度、減額することも可能です。

現金で１億円を相続したら、税率は30％なので納税額は３０００万円です。これが80％圧縮されて２０００万円の評価額になると、税率は15％ですから納税額は３００万円になります。実に10分の１です。この節税方法が広く知られるようになり、タワーマンションが飛ぶように売れたのです。

しかし総務省と国税庁は、タワーマンションを節税目的で購入することに歯止めをかける検討に入り、2018年にも実施予定です。これは階数によって評価額を増減するように方法を見直すものです。具体的な増減幅は今後決まりますが、20階は1階の10％増し、30階は20％増しといったようになる案が有力です。

その他にも以下のようなデメリットがあります。

デメリット① 「売却時に大きく値が下がる可能性がある」

タワーマンションによる節税対策は、相続後に売却し、購入時とほぼ同額のお金またはキャピタルゲインを得ることで成功となります。一般的に値が下がりにくいといわれるタワーマンションならではの対策でしょう。

ところが、当然ながら全部が全部値下がりしないわけではありません。

現在新築のタワーマンションは、プレミア価格といえるほど高値で販売されています。この価格には、モデルルームやパンフレットや販売会社の利益などのコストが大体2割程度は乗っています。

一般的に中古物件の価格は、このような販促費や利益などを差し引いた価格になります。いくら人気のタワーマンションといえども、一部のかなり立地の良い物件以外は大きく値が下がるはずです。

デメリット②「賃料がローン返済額を下回る可能性がある」

節税対策とはいえ、タワーマンションを現金で購入する人ばかりではありません。賃料収入を返済に充てる計画で、ローンを利用するケースも多々あります。

タワーマンションは「＝高級マンション」であり、内外装も設備も質の高いものが使用されています。しかも節税効果が高いのは高層階で、賃貸に出せば必然的に賃料は高くなります。１億円前後の物件ならば、月々30万円程度になるでしょう。

しかし、このレベルの賃料を支払える人はいわゆる富裕層であり、非常に限られた人たちになります。ところがタワーマンションは増える一方ですから、完全にこちらは供給過多の状態です。

つまり入居者を募るには賃料を下げざるを得ず、その結果賃料がローン返済額を下回る事例も耳にするようになりました。

デメリット③「多額の大規模修繕費がある」

タワータイプに限らず、マンションは10年前後の周期で大規模修繕工事を行います。外装のタイルを張り替えたり、屋上の防水補修工事などがそれにあたります。そのために各所有者は、修繕積立金を毎月支払っているはずです。

ところが現在、その積立金の不足が問題となっています。実際にかかる工事費を計算し直したところ、積立金が少なすぎて将来の修繕費用が足りないということが判明する事例が後を絶たないのです。

そのおもな理由は、販売時に積立金を安く見せた方が売りやすいからです。

国土交通省の「マンションの修繕積立金に関するガイドライン」によると、適正な修繕積立金の目安は1㎡当たり200円前後。70㎡なら1万4000円です。実はこの金額の5〜7分の1程度のマンションはざらにあります。

そのため、購入して数年後にいきなり積立金が5倍、7倍になるといったことはよくある話です。

さらにタワーマンションの場合、事態は深刻です。タワーマンションで使用される建築資材や設備は、どれも特注品ばかりです。

また一般的なマンションの外装修繕は鉄パイプなどで足場を組んで行いますが、タワーマンションで足場を組むと高すぎて危険なので、ゴンドラなどを利用します。

つまり修繕費が非常に高い。しかもまだ過去の事例がないので、いわゆる相場がありません。一棟一棟見積もりを出してみないといくらになるのか誰も分からないのです。

このようなことから、工事がはじまる段階で１００万円以上の一時金を追加徴収されることも十分予想できます。

デメリット④「相続対策の否認事例」

せっかく相続税対策でタワーマンションを購入しても、次のような理由で税務署がそれを認めないケースが実際にあります。

・マンションの購入から相続や売却までの期間が極端に短い
・被相続人が認知症などであるとして、その判断能力を悪用した可能性がある

つまり、「相続税を節税するためだけに使う予定もないマンションを購入し、転売したとしか思えないので、今回の節税は認めません」ということでしょう。

実際、どのような場合が否認されるかはケースバイケースのようです。とにかく、あまりに露骨な節税対策は考えものといえるでしょう。

知っておきたい「REIT」のメリット・デメリット

不動産投資のなかでも、比較的ローリスクということで人気なのがREIT（リート）です。

REITは投資家から集めた資金で、オフィスビルや商業施設などの不動産を購入し、そ

の賃料収入や売買益を投資家に分配する投資信託です。2001年、証券取引所にはじめて上場されました。

この仕組みはアメリカで生まれ、日本版はJAPANの頭文字を取って「J－REIT（ジェイ・リート）」とも呼ばれています。

メリット①「投資のプロが運用している」

資金を運用するのは、プロである不動産投資法人です。そのため、素人である自分自身で運用するより安心だと思う人が多いようです。

メリット②「少ない自己資金で投資可能」

一般的に不動産投資といえば、少なくても数千万円以上の投資となります。

しかし、J－REITは1万円前後から購入可能であり、普通のサラリーマンでも手軽にはじめられるのも人気の理由です。

メリット③「高い換金性」

J－REITは証券取引所に上場されています。したがって購入や売却の注文がいつでも可能となっており、さらには上場株式と同じく、成り行き注文や指値注文も行うことができます。また、日々変動する価格をリアルタイムで知ることもできます。

メリット④「リスクの分散が可能」

J－REITは、多くの投資家から資金を集め、大きな一つの資金として運用します。それゆえ個人では難しい複数の大型不動産への分散投資が可能になります。さらにこれによってリスクも分散することができます。

デメリット①「破綻の可能性がある」

J－REITは、すべての資金を投資家からの資金でまかなうわけではありません。半分前後は金融機関からの融資です。そのため、利回りが悪ければ破綻する可能性があるのです。

実際に上場から7年目の２００８年に、ある不動産投資法人が破綻した事例があります。

デメリット②「購入資金の借り入れができない」

Ｊ－ＲＥＩＴは銀行など金融機関にとって株と同じ扱いです。つまり、購入資金を融資することはありません。したがってレバレッジ効果を期待することもできないのです。少額で手軽にはじめられるものの、資産を大きく増やす計画には向かないといえるでしょう。

このように、さまざまな人気の資産防衛策を見てきましたが、どれも決定的なデメリットが存在します。

そこでお勧めするのが、第１章で紹介した「都心オフィスビル」というわけです。

では、次章以降でその理由を詳しく解説していきましょう。

第3章

都心×中型オフィスビル×区分所有が、資産を確実に守る最強の方程式

第2章では、さまざまな資産防衛策を見てきましたが、第1章で紹介した都心オフィスビル投資がもっとも効果があると私は考えます。

とはいえ、都心のオフィスビルは高額のため富裕層でもなかなか手を出せません。そんな悩みを解決するのが、本章で紹介する「区分所有オフィス」なのです。

ここではまず、「都心のオフィスビルがなぜ有利なのか」から解説していきましょう。

供給過多・人口減に立ち向かうカギは都心物件

オフィスビルもマンションやアパート同様に国内の不動産です。

しかし、供給過多や人口減といった影響は「東京都心の物件なら問題はない」といえます。

総じて賃料を含め価格というものは、需要と供給のバランスで決まります。いくらニーズがある製品でも製造量がそれを上回れば値崩れが起こるものです。

ただし不動産に関しては、いくらでも製造できるわけではありません。つまり「一定のエリア内」でどれだけニーズ、つまり人気があるかが非常に重要になります。

分かりやすく説明するために、東京都千代田区にある物件と、千葉県船橋市にある物件を比較してみましょう。

千代田区と船橋市のそれぞれの一定エリア内に、1000棟の不動産があったとします。ここで自分の所有している物件の人気が、ちょうど中間の500位だとします。

10年後、船橋市の場合はエリアの開発用地にまだ余裕があるために、物件の数が2倍の2000棟になるかもしれません。

一方、都心の千代田区の場合はすでに開発をし尽くした状態なので、2倍になることはあり得ないでしょう。せいぜい1割アップの1100棟がいいところです。

それぞれ増えた分の新築物件は、新しいがゆえに人気の上位に来るはずです。したがって船橋市のケースでは、500位にまるまる1000棟が乗って、自分の所有する物件は2000位中1500位になります。

千代田区のケースでは、１００棟が乗るだけですから、１１００位中６００位に踏みとどまることができます。

大きく人気を下げた船橋市の物件は、当然賃料を大きく下げないと空室に悩まされることになります。一方で千代田区の物件は、賃料を下げる必要はほとんどないはずです。


企業はオフィスの立ち上げ、または移転を考える際、ほとんどが立地にこだわります。「○○駅」から「徒歩○分以内」と決めたら、絶対にそのエリアで探そうとします。立地は業績に直結することなので当然でしょう。多くの企業がこだわるその立地条件は、東京主要５区（千代田区、中央区、港区、新宿区、渋谷区）を中心とする東京都心のオフィス街です。

主要エリアにオフィスを構えることは確実に信用度につながります。さらにその信用度はリクルーティングにも影響するでしょう。主要エリアのオフィスは魅力的であり、そもそも通勤のしにくい場所に優秀な人材は集まりません。だから企業はオフィスの立地にこだわるのです。

図表4　郊外 VS 都心

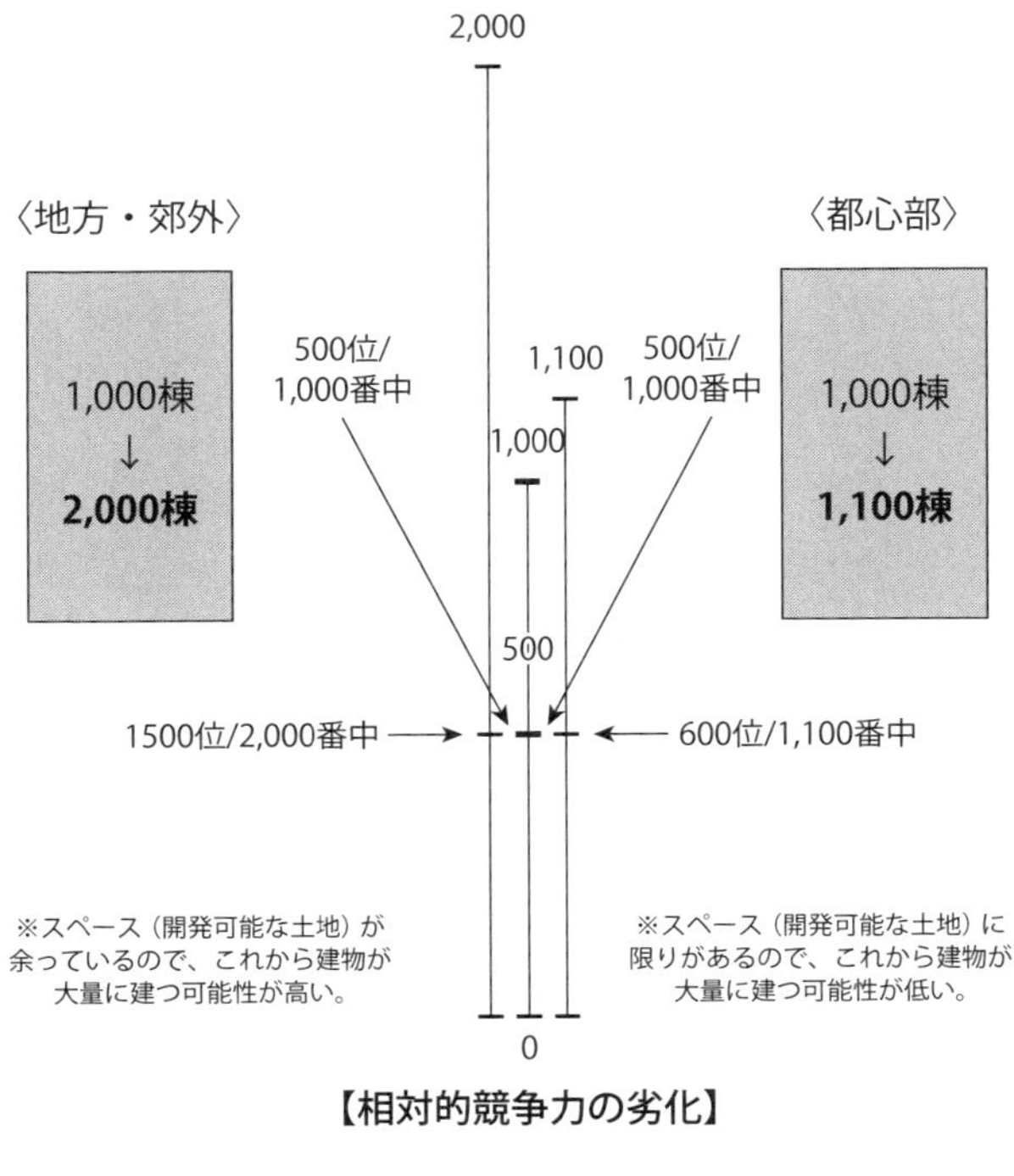
2,000
〈地方・郊外〉
1,000棟
↓
2,000棟
500位/
1,000番中
1,100
1,000
500
〈都心部〉
1,000棟
↓
1,100棟
500位/
1,000番中
1500位/2,000番中
600位/1,100番中
※スペース（開発可能な土地）が余っているので、これから建物が大量に建つ可能性が高い。
※スペース（開発可能な土地）に限りがあるので、これから建物が大量に建つ可能性が低い。
0
【相対的競争力の劣化】

一方で地方都市のオフィス街は、開発途中のエリアもしくは更地が多いので今後も広がっていき、物件数も増える可能性があります。その結果、希少価値が下がり、賃料も下げざるを得なくなります。

また、地方都市のオフィスビルに入るテナントの多くは、大手保険会社やゼネコンなど東京に本社を置く企業の支社・支店です。当然地元企業も入りますが、割合としては東京に本社を置く企業の方が多いのです。

大手企業の支社・支店は、景気が悪くなると一気に撤退をします。景気が回復するまでしばらくは帰ってきません。その結果、空室率が増加し、家賃相場が下がっていくのです。

しかし23区内に入るテナントは、本社が中心です。たとえ移転したとしても、すぐにほかの企業の本社が入ってきます。この状況は、景気に関係ありません。企業は景気が悪いときでも、オフィスが必要だからです。

では、人口減に関してはどうでしょうか。働く人が減ってしまえば、それに伴いオフィスのニーズも減少すると考える人もいるはずです。

実は人口減少が続く日本のなかでも、東京だけは別格なのです。


ここに、東京とニューヨークの人口を比較した資料があります。

ニューヨーク市の面積は、東京23区の約2倍です。

2000年の人口は、どちらも800万人強で近い数字でした。ところが2014年には東京の方が60万人以上多くなっています。人口増加率はニューヨーク6％に対して、東京は13％です。

ここで注目したいのは、実際にオフィスを利用する人口の増加です。

たとえば現在、日本の女性就業率は増加傾向です。国土交通白書によると、1998年に共働き世帯の数が片働き世帯の数を逆転しました。その後も共働き世帯は増えていき、2010年には片働き世帯797万世帯に対し、共働き世帯は1012万世帯となっています。

さらに女性の社会進出の状況は、女性管理職の割合を見ても分かります。2002年と2011年のデータ（国土交通白書）を比較すると、すべての役職において2倍近く、または

図表5　東京とニューヨーク市の人口比較

	東京都区部	ニューヨーク市
2000年	8,075,722	8,000,278
2014年	9,128,090	8,494,100
人口増加数	1,052,388	482,822
人口増加率	13%	6%

（出典）総務省、厚生労働省のデータを基に作成

それ以上増えています。

欧米先進国での女性の就業率は、ここ10年で横ばい状態です。しかし、日本は着実に増えています。なかでも東京の共働き世帯の比率は全国1位です。とはいえ、欧米に比べればまだまだ低水準。今後はさらに伸びていくはずですし、国としてもどんどん伸ばしていく方針です。

東京の労働人口増加の要素は、まだまだあります。

・アジアヘッドクォーター特区

東京都は、２０１６年までにアジア地域の50社以上を含む、外国企業を５００社以上誘致することを目標とする「アジアヘッドクォーター特区」を推進しています。これはアジアにおける企業拠点を東京都へ集積させることを目指し、都内に複数の特区を設ける一大プロジェクトです。

都はアジアの業務統括拠点や、研究開発拠点を設置する外国企業に対する優遇税制などを掲げています。その経済波及効果は約14兆6000億円、雇用誘発数は約93万人と試算されています。

・国際ハブ空港化

羽田空港⇕東京駅⇕成田空港をつなぐ高速特急の新設により、羽田⇕成田間が約50分で結ばれます。韓国の仁川国際空港やシンガポールのチャンギ国際空港から、東アジアのハブ空港の座を奪うことで訪日外国人を現在の2000万人から4000万人にする目標が掲げられています。

・リニア新幹線の開通

2027年に開通予定のリニア新幹線は、東京⇕名古屋間を40分で結びます。こうして東京と名古屋が一つの経済圏になることで、名古屋のヒト、モノ、カネが首都圏に吸い取られる〝ストロー現象〟が発生するといわれています。

さらには２０４５年に延伸予定だった新大阪までの開業を最大８年間前倒しすることがほぼまとまりつつあり、東京への人の流れはより加速していくことでしょう。

・新線・新駅の設置

東京オリンピック・パラリンピック開催に向け、さらにはオリンピック後を見据えたインフラ整備のため、新線や新駅の設置が計画されています。

１９８８年に地下鉄有楽町線豊洲駅、２００６年には新交通ゆりかもめ豊洲駅が開業した豊洲町では、人口が２００４年の９３８８人から２０１４年は2万９０１７人へと約３倍に増加しました。新線・新駅により首都圏各地で同様の効果が見込まれます。

・首都高速の整備、首都圏三環状高速道路の完成

老朽化した首都高速の整備や、外環自動車道、圏央道を含む首都圏三環状高速道路の完成により、首都圏の交通渋滞の緩和、物流の信頼性向上、首都圏における土地活用が向上し、世界的にも稀有なビジネス環境が整います。

・東京23区内の電車、地下鉄、バスなどの24時間運行

交通の24時間化により、飲食業界やイベント業界が活性化し、グローバルビジネスへの対応力も強化。これらにより大きな経済効果が見込まれます。

これから数十年の東京は、人口が増えるだけでなく、経済もダイナミックに成長するはずです。日本中の「ヒト、モノ、カネ」が一極集中する東京は、今後も一人勝ち状態が続いていくでしょう。

東京に集中するお金はバブル期の数百倍

人が集まるところには、お金も集まります。

では、これからの東京にどれくらいのお金が集まるのか推計してみましょう。

日本の金融資産は、２０１３年時点で２５７０兆円あります。これはバブル期がスタートした１９８５年の２・３倍です。

また、世の中に出回っているお金と日本銀行の当座預金の合計値であるマネタリーベースは、バブル期の約11倍の２６８兆６４３７億円です。

日本経済は、バブル崩壊後「失われた20年」といわれてきました。

しかし、この数字が物語るように着実に経済は成長し、あのバブル期をはるかにしのぐ量のお金が日本には眠っているのです。

このことに世界はとっくに気づいています。それは日本の対内投資残高を見れば明らかでしょう。

対内投資とは、アメリカや中国といった外国の投資家が日本の事業や不動産、金融商品などに投資することです。これにより雇用の創出や輸出の拡大、海外からの技術移転などの期待ができます。

２０１２年時点で、日本の対内投資残高は20億５３６１万ＵＳドルです。これはバブル期６３７万ＵＳドルの３２２倍です。

これだけの途方もないお金がどこに向かうのか——。

それは間違いなく東京です。

おそらくこれからの日本は、オリンピック・パラリンピックに向けてバブル期の３倍程度のお金が動きます。

それも日本全国均等にではなく、国土の10分の１のエリアである首都圏においてです。そのなかでも圧倒的に東京へ集中するのは明白です。つまりバブル期の30倍のお金が首都圏に流入し、東京では数百倍のお金が動くことを意味します。

図表６

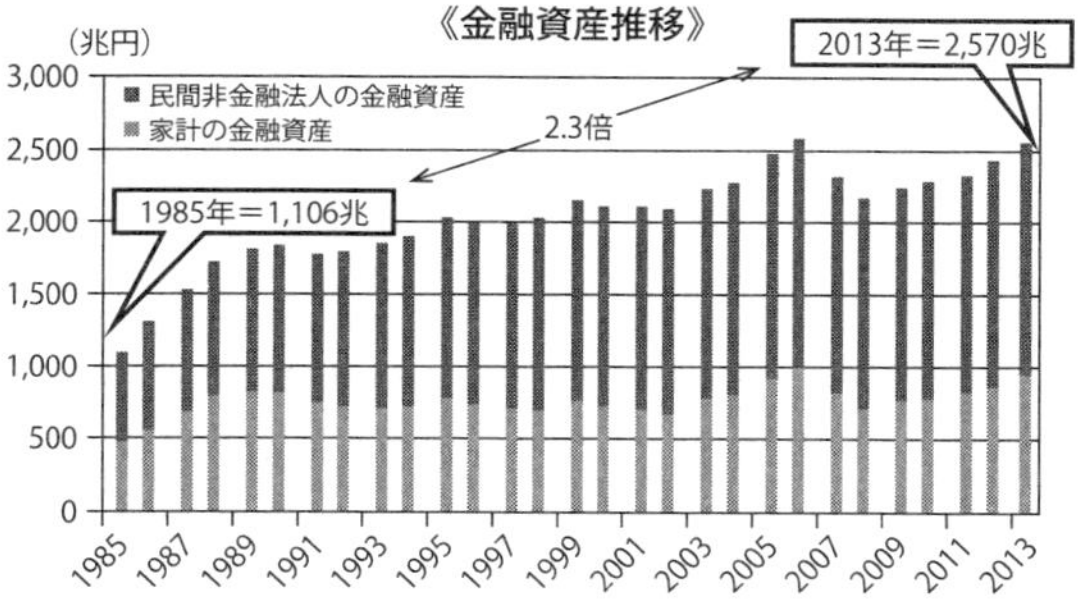

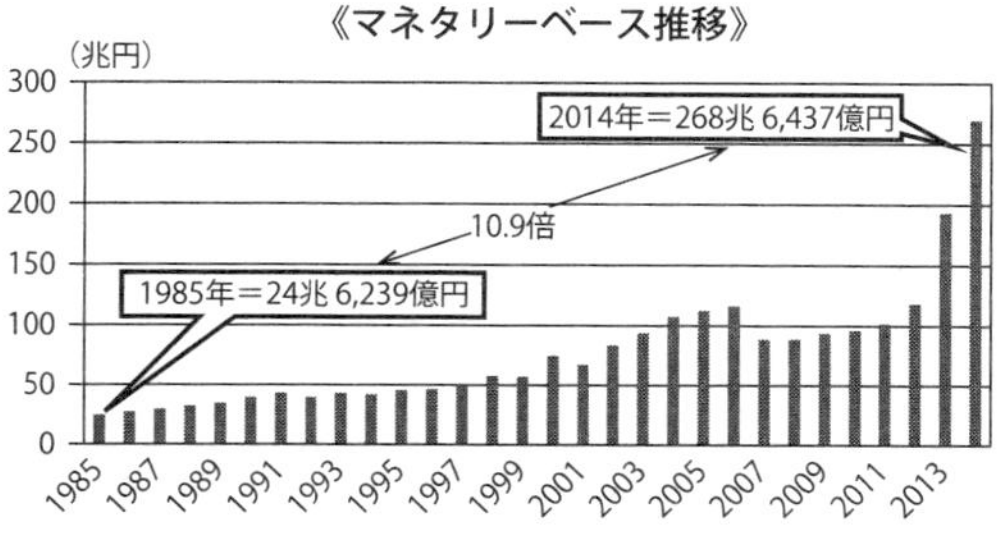

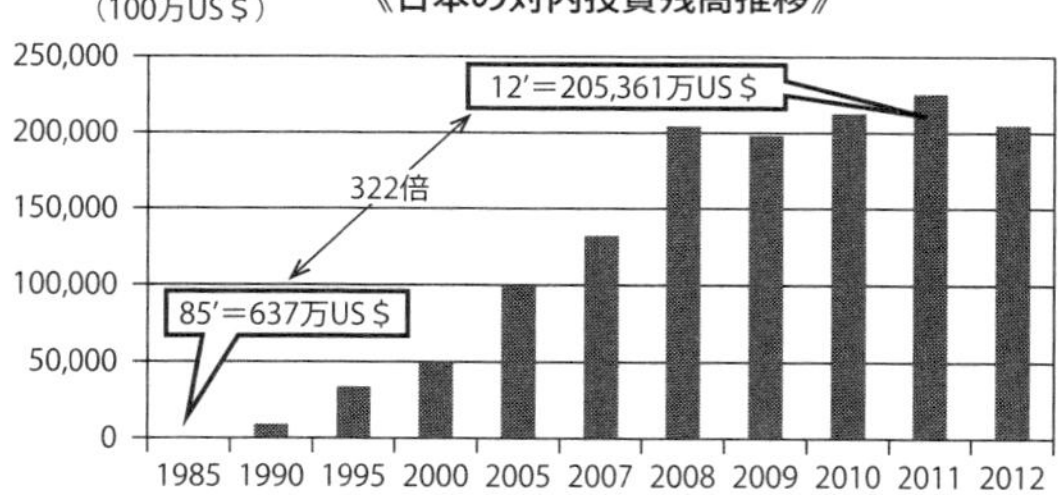

出典：日本銀行「2016年第１四半期の資産循環」

お金が動くということは、投資も活発になるということです。今は日本だけでなく世界中でお金が余っています。世界で起こっている金融緩和による投資マネーは、必ずどこかに行かなければならないのです。バブル期の322倍の対内投資残高の多くは、世界的にも安定している東京の不動産に向かうはずです。

さらに、東京のオフィス賃料は、いまだにリーマン・ショック（2008年）の落ち込みから回復していません。リーマン・ショック前を100とすると、2012年で60と世界のほかの都市に比べてまだまだ低い水準で推移しています。

今のうちにオフィスビルを購入しておけば、上がっていくインカムゲインの旨みも、売却時の大きなキャピタルゲインという醍醐味も両方味わえる可能性が高いといえます。

選択すべきは中規模オフィスビル

住宅系よりオフィスビル、地方より東京都心。資産防衛のために不動産投資をするなら、この2つの条件は必須といえます。

図表7　賃料は低水準＝賃料上昇の期待大

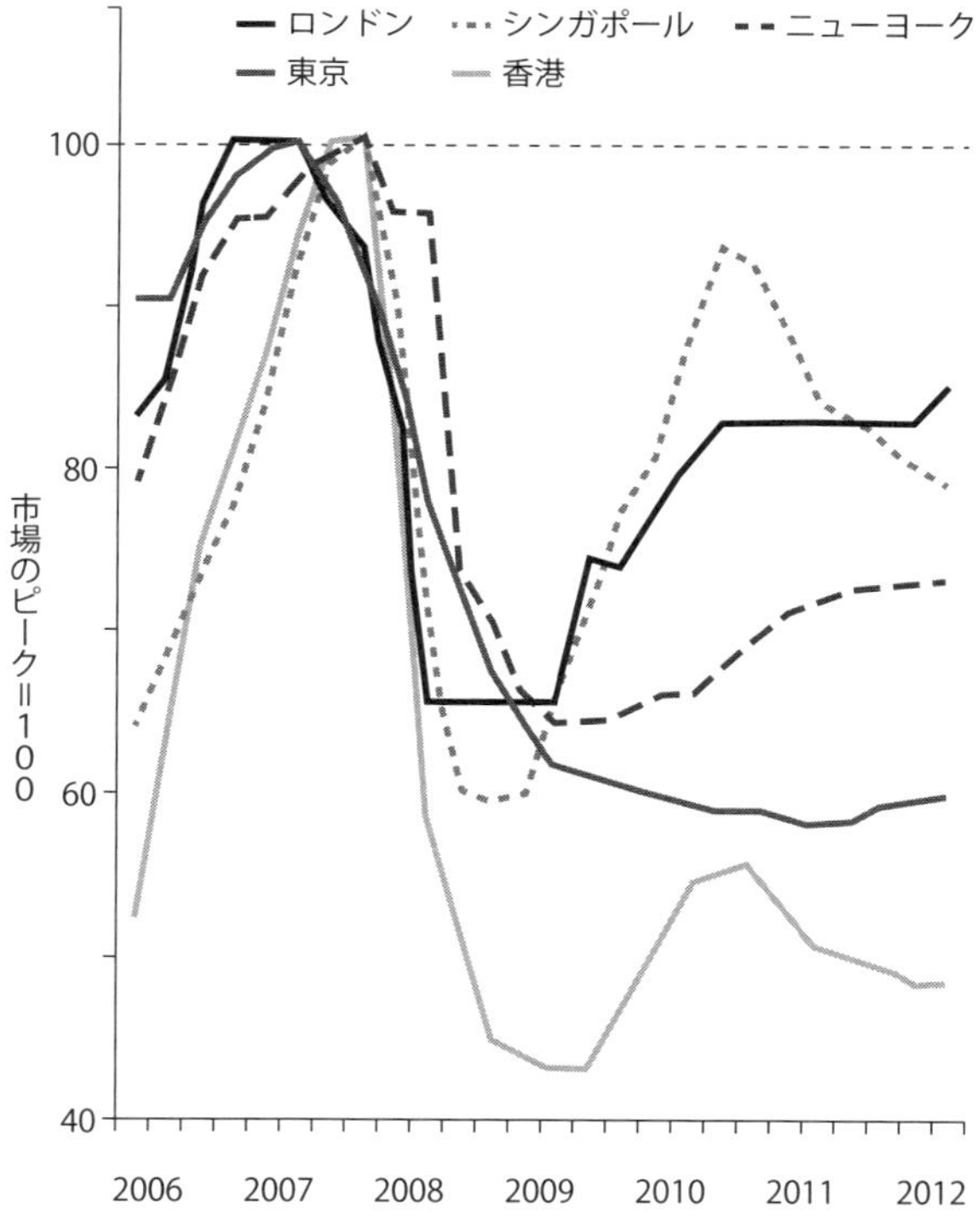

（出所）ジョーンズ ラング ラサールより、抜粋

では、オフィスビルのなかでもどのような物件を選べばいいのでしょうか。もう一度住宅系と比較しながら、絞り込んでいきましょう。

不動産は、住宅系とオフィス系のほかに、規模でも分けることができます。この結果は、次のようなセグメントになります。

- 住宅系／大型：「ファミリーマンション」「タワーマンション」「戸建て」
- 住宅系／中・小型：「ワンルーム」「アパート」
- オフィス系／大型：「大規模オフィスビル」（延床面積５０００坪以上）
- オフィス系／中・小型：「中・小規模オフィスビル」（延床面積５０００坪未満）

図表8

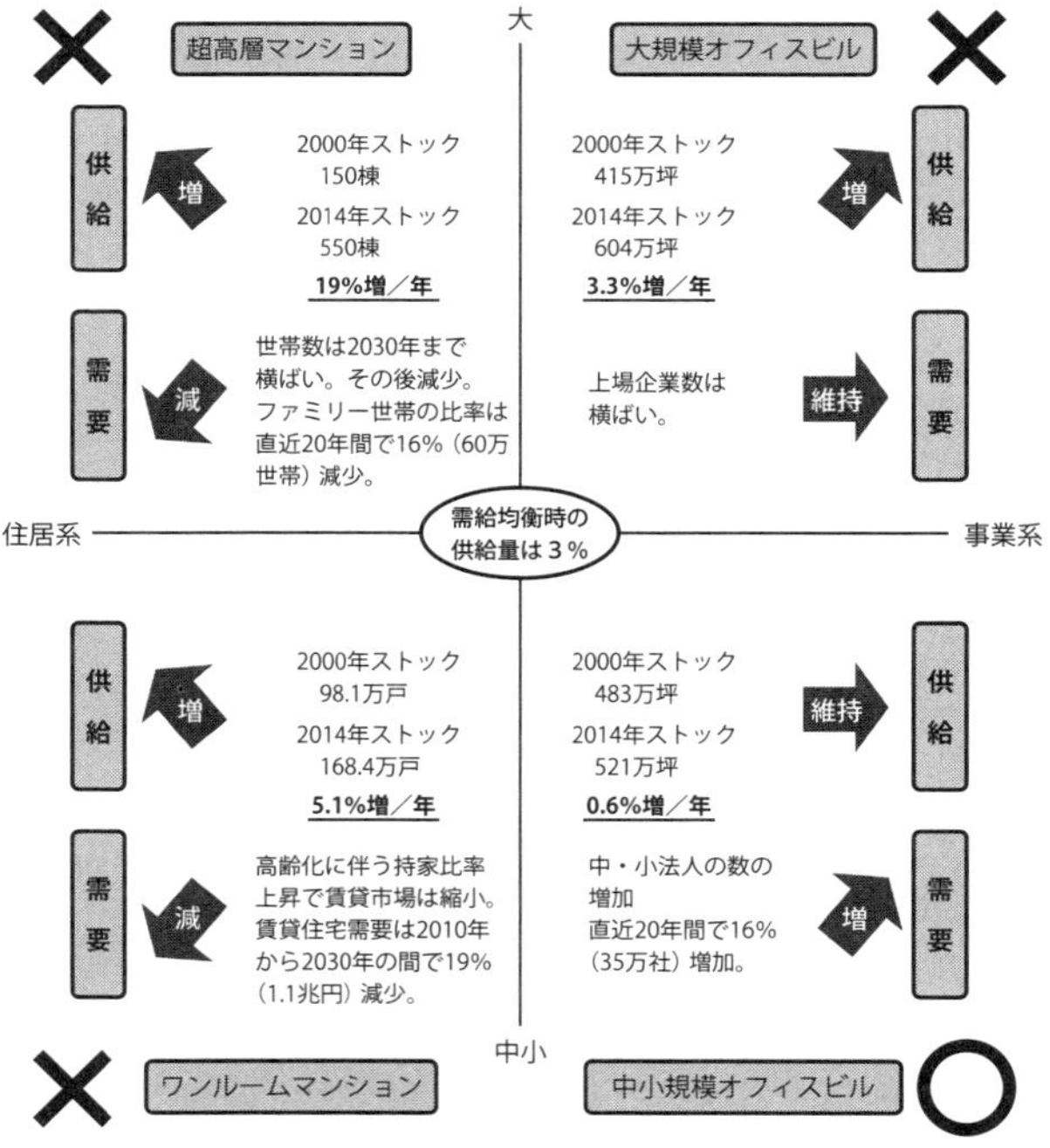

（出所）（株）ザイマックス不動産総合研究所、みずほ銀行産業調査部、国土交通省、総務省、中小企業庁、東京都総務局、東京都都市整備局のデータを基に作成

この4つのセグメントのなかで、もっとも需要と供給のバランスが優れているものが投資対象になるということです。

これからそれぞれのセグメントの需給バランスを解説していきますが、その前に、前提となる事実を知っていただきたいと思います。

実は、日本の不動産の需要というのは、大きく変動することがありません。

ファミリーマンションやタワーマンション、戸建てに住む世帯は約5200万。
ワンルームマンションやアパートに住む世帯は約1600万。
大規模オフィスビルを借りるような上場企業は約3500社。
中小ビルを借りる中小企業は約380万社。

日本の人口も、企業数も、急激に変化するわけではないので当たり前といえるでしょう。
ところが供給数は増加していきます。基本的に住宅系もオフィス系も新築物件がなくなることはありません。特に地方は、まだ土地が余っているので今後も開発が進むはずです。したがって確実に供給数は増していき、物件の数は累計され続けていきます。

日本の不動産の需給バランスがぎりぎりで均衡するのは、供給率３％までといわれています。つまり現存する不動産総数に対して、年間の新規着工件数が３％までなら、ぎりぎり需要があるということです。

この供給率３％を目安に各セグメントの状態がどのようになっているかを見てみましょう。

●タワーマンション

２０００年ストック：１５０棟

２０１４年ストック：５５０棟

供給率：年19％

タワーマンションの年間供給率19％は、４つのセグメントで圧倒的に多い数値です。第2章で説明した通り、タワーマンションを含む大型マンションは、明らかに供給過多の状態といえます。

しかもターゲットとなるファミリー層の世帯数は、２０３０年まで横ばいで、その後減少に転じると見られています。

よって大型マンションなどファミリー層をターゲットとする投資は、非常に危険だといえます。

●ワンルームマンション

２０００年ストック：98万１０００戸

２０１４年ストック：１６８万４０００戸

供給率：年５・１％

こちらも基準となる年間供給率３％を上回っています。

さらに高齢化に伴う持ち家比率の上昇で、今後の賃貸住宅市場は縮小していきます。みずほ銀行産業調査部は、２０１０年から２０３０年の間で19％（1兆１０００億円）減少すると推計しています。

正確な資料がないので数字での証明はできませんが、私は都内に限ってみれば、ファミリーマンションよりもワンルームマンションの方が供給過多になっていると見ています。なぜなら近年都内は、貸し手側であるオーナーの需要の急増によってワンルームマンションの建設ラッシュが続いていたからです。

しかし、現在は少子高齢化が進み、借り手の需要は減少しています。都内の単身者向け住宅への投資は、もしかしたらファミリー層向けよりリスクが高いかもしれません。

●大規模オフィスビル
２０００年ストック：４１８万坪
２０１４年ストック：６０４万坪
供給率：年３・３％

ここでいう大規模オフィスビルとは、延床面積5000坪以上を指します。年間供給率は3・3％なので、需要と供給のバランスはなんとか取れています。今後に関しても、ターゲットとなる上場企業の数は変化がなさそうなので、心配はないでしょう。

しかし、これはあくまで「現状を維持できれば」という前提です。大規模オフィスビルは巨大ゆえに1棟増えるだけで需給バランスが大きく変化します。たとえば六本木ヒルズがオープンした2003年は、ほかにも続々と大規模オフィスビルが建設されたため、供給過剰となり大量の空室が出ました。また、東京ミッドタウンがオープンした2007年や2012年も同じような建設ラッシュがあり、供給過多が問題になりました。

その谷間となる2010年の新築大規模オフィスビルの空室率は、40％に達したといわれています。

都心は開発し尽くしていると書きましたが、大規模オフィスビルに限っては、今後も駅前再開発などで増える予定です。実際に渋谷の駅前は、2018年から2027年にかけて複数の大規模オフィスビルがオープンします。

このように需給バランスの乱高下が激しい物件は、賃料の上下幅も大きくなります。たとえば、2003年の東京都主要5区（千代田区、中央区、港区、新宿区、渋谷区）のオフィス賃料相場を100とすると、リーマン・ショック前の2007年に中規模ビルは124・79まで上昇しました。

一方で大規模ビルは165・89まで上昇していますので、約40％もの差があります。

これほど大きな賃料の上下幅は、かなりの資本力があるオーナーでなければ耐え切れません。つまり、中小企業の経営者または個人の資産家には向かないのです。

●中小規模オフィスビル

2000年ストック：483万坪

2014年ストック：521万坪

供給率：年0・6％

図表9　ビルの規模が大きいほど賃料は上昇する

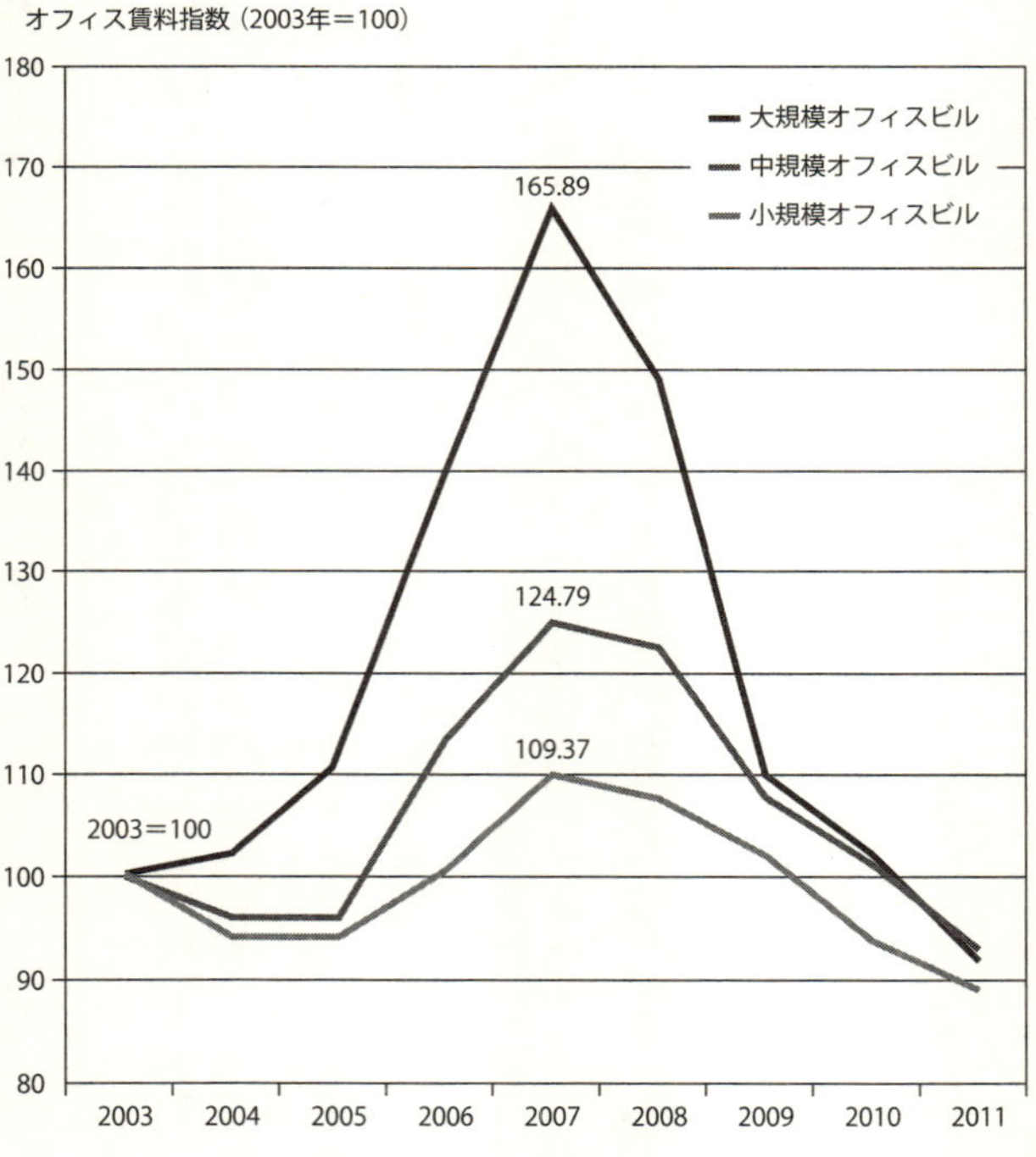

（出所）三幸エステート（株）、ジョーンズ ラング ラサール、
三鬼商事（株）の統計データを基に作成

このデータは延床面積５０００坪未満を対象としていますが、実際には１０００坪以下でワンフロア２００坪以下の物件をイメージしていただければいいでしょう。

年間供給率は、基準となる３％を大きく下回り０・６％。もっとも投資に向くセグメントといえます。

その理由は、バブル崩壊までさかのぼります。

バブル崩壊直後、オフィスビルのテナントは、多くが倒産しました。その結果、借り手が激減し、マンションへと建て替えられた物件が数多くあります。

その後は、東京ミッドタウンのような大規模オフィスビルを建てる敷地の確保のため、中小規模ビルがまとめて買収されるケースも増えました。

そのため中小規模ビルの絶対数が減り、ここ数年の供給率はマイナス傾向だったのです。

その後、テナントとなる中小企業の数は直近20年間で35万社（16％）も増えました。

これは一般企業だけでなく、ＮＰＯ法人や財団など非営利団体の設立が増えていることも影響しているでしょう。特に東京に限っては、この20年間で2倍近い法人・組織が設立されています。

これだけ需要が増えていれば、中小規模オフィスビルの経営は安泰といえます。

とはいえ、一言で中小といっても、その規模の幅は非常に広く、一般的には、新宿などでよく見かける敷地面積20坪程度の小規模ペンシルビルから、数百坪の敷地に立つ15階建てくらいの中規模ビルを指します。

中古のペンシルビルなら都心であっても2億円くらいで買えます。たとえ個人であってもある程度の与信枠があればローンを組むことで入手可能です。

そのため、まずはこの規模から、と考える人は多いようです。

しかし、こういった小規模ビルはお勧めできません。まずテナントが起業時などに借りるケースが多いので、売り上げが軌道に乗ればすぐに出ていってしまいます。安定経営には向かないのです。

さらに前オーナーが個人で所有しているため、管理が行き届いていない物件が多いのです。

分譲マンションに住む人なら分かりやすいと思いますが、小規模とはいえ鉄筋コンクリート造のビルは10年前後に一度、数百万円から1000万円以上かけて大規模修繕工事を行います。これくらいの出費を覚悟しないと、外壁のタイルが落下したり、雨漏りがしたりするのです。

ところが分譲マンションとは違い管理組合がない個人所有のビルは、そこまで費用をかけていないケースがほとんどです。そのため安く買えたとしても、所有後のメンテナンスに莫大な費用がかかる場合が多々あります。

また小規模ビルは、数が多いため生き残り競争が激化しています。そのためメンテナンスを少しでも怠ると、淘汰されてしまいます。

さて、残るは中規模オフィスビルです。

実はこの中規模ビルこそが、前述のさまざまなマイナス要素を払拭するお勧め物件なのです。

「区分所有オフィス」の仕組み

本書でお勧めする中規模オフィスビルは、具体的には敷地面積100〜150坪くらいの土地に立っている10階建てくらいの物件です。価格の目安はだいたい20億円から60億円といったところでしょうか。

100億円以上する大規模オフィスビルより安価とはいえ、この金額では中小企業、または個人の資産家にはまだ想定外。とても手が出ないのではないでしょうか。

それゆえペンシルビルに人気が集まる、というのが現状です。

しかし、それを私たちは、「区分所有」という新たな発想で購入を可能にしました。区分所有とは、分譲マンションのように1棟の建物を複数のオーナーで所有することです。オフィスビルの場合は、フロア単位で買うことになります。この方法なら20億円の物件でも、2億円でオーナーになることができます。

大規模オフィスビルでも、区分所有は可能ですが、分譲価格は10億円以上になってしまいます。大資本を持つ企業には物足りないし、中小企業には手が出ない。非常に中途半端な商品になってしまうので、実際にはほとんど流通していません。

では、なぜ投資先として1棟の小規模ビルよりも区分所有の中規模ビルの方が優れているのか、その理由を説明しましょう。

①高く・長く貸せる

一般的に、ビルの耐久性や設備の質は規模の大きさに比例します。

当然、大きくなるほど造りは頑丈にしなければなりません。さらに内外装やトイレなどアメニティ関連の質も高いものが使用される傾向があります。

そもそもテナントとしては、大きく立派に見えるビルの方に魅力を感じます。その結果、小規模ビルよりも高い賃料坪単価を付けることができます。

さらに中規模ビルは小規模ビルよりも長寿命です。これは造りがより頑丈という意味だけではありません。商品価値としても寿命が長いのです。

オフィスビルマーケットというものは、大きなビルが増えていくと、同じ商圏のなかの一番小さなビルから需要がなくなっていきます。テナントの数は有限ですから、大きなビルに流れていけば、その分魅力のない物件は淘汰されていくわけです。

実際に都内で築50年以上の小規模ビルは、非常に少ないはずです。一方で、明治生命館など築80年以上のビルはほとんどが中規模以上です。これほどの長寿命は例外かもしれませんが、中規模ビルが小規模ビルよりも長期間にわたって商品価値を維持できることは間違いありません。

また、継続して長く貸せるというところも魅力です。中規模ビルを借りるテナントは、ある程度の売上高がある優良企業です。

しかしながら、そのなかから大規模オフィスビルに移転できるまで成長できる企業はほんの一握りです。一方で、一度その規模の物件を借りてからグレードを落としてペンシルビルに移転するのでは、自社イメージもダウンしてしまいます。よほどのことがない限りしないでしょう。

したがって中規模ビルに入った多くのテナントは、小規模ビルのように「腰掛け」ではなく、長期間借りてくれるのです。

②メンテナンスコストを平滑化できる

不動産を保有していくうえで、もっとも出費が大きいのはメンテナンスコストです。

前述のように、建物の快適性を維持するには10年前後に一度、数百万円から１０００万円以上かけて大規模修繕工事を行わなければなりません。そのために分譲マンションなどは管理組合を設立し、修繕費を毎月積み立てているわけです。

ところがその積立金不足で、十分な修繕ができないケースが続出しています。販売会社が、分譲時に積立金を低く設定しすぎたためです。そこで仕方なく１００万円単位の一時金を追加徴収される――。

オフィスビルの場合は、管理組合ではなく単独オーナーが多いため、修繕費の積み立てさえしていなくて対処が後手に回り、さらに事態は悪化することも多いのです。

私たちの区分所有オフィスの場合は、必ずすべてのオーナーが組合員となる管理組合を組成します。

そこで30年にわたる成緻な長期修繕計画を立て、大規模修繕に限らず日常のメンテナンスコストも正確に算出します。これにより突然の大きな出資の心配もありません。さらに、分譲時に数千万円の積立基金を弊社が自ら拠出し、必要十分な月々の修繕積立金を設定します。

これらによってほかのオーナーと費用を分担できるため、区分所有のオーナーは単独オーナーよりも安価なメンテナンスコストで中規模ビルを保有できます。

③土地の価値が高くなる

土地の坪単価というのは、たとえ同じ立地でも同額とは限りません。「どう使うか」によって大きく変化します。

たとえば、20坪の土地に立つ2億円のペンシルビルのオーナーAがいたとします。土地の坪単価は路線価で500万円です。つまり土地の価値は次のようになります。

500万円×20坪＝1億円

その隣に、200坪の土地に立つ10階建ての区分所有ビルのオーナーBがいました。ワンフロアの価格は2億円です。

この場合、土地の権利はオーナーの人数で分けることになります。したがって200坪の10分の1である20坪分がオーナーBの持ち分となります。

そこでこのエリア一帯の再開発が計画されました。A、Bどちらの土地も計画に含まれます。

一体それぞれいくらで売却することができるでしょうか？

Aの土地は、路線価のまま1億円の値が付くはずです。

しかし、この再開発の中心となるBの土地に関しては、4億円になる可能性があるのです。

同じ面積、立地なのに4倍の差です。一般常識ではあり得ないと思うでしょう。

この差の理由は、200坪という開発しやすい広さだったため利用価値が上がり、実勢価格が路線価の4倍になったからです。

再開発においては、こういった事例は、けっして珍しくありません。過去には、駅前の中規模ビルの敷地が、再開発で駅直結の大規模オフィスビルの一部になる計画によって、坪170万円が坪4000万円になったこともありました。実に23・5倍の値上がりです。

これは極端な例かもしれませんが、再開発する側からすれば中規模ビルの広さの敷地が手に入らなければ計画そのものが頓挫してしまいます。だから路線価よりかなり高い値段を提示してでも手に入れたいのです。

一方で小規模ビルの場合は、たとえ手に入らなくても、再開発後の敷地が多少凸凹するだけで計画そのものに支障がないケースが多々あります。だから、路線価よりも大きく上回る買い取り価格の提示はほとんどありません。

皆さんも大規模オフィスビルの端に、ぽつんと立つ古い小規模ビルを見たことがあるのではないでしょうか。あのような物件の多くは、再開発から取り残された土地でしょう。

このような背景から同じ2億円の物件でも、小規模ビルと区分所有の中規模ビルでは、売却価格に大きな差が生じるのです。

図表 10

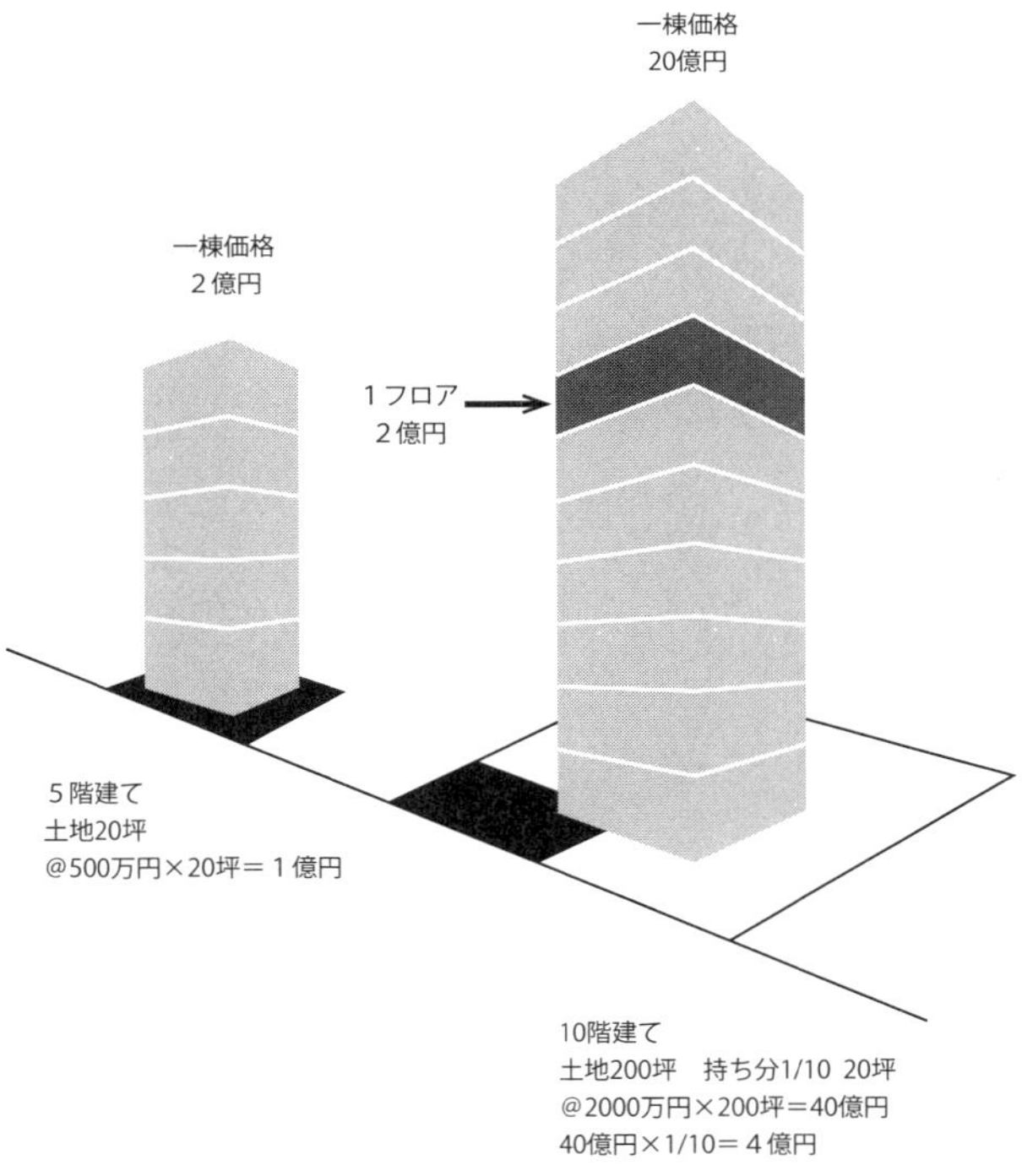
一棟価格
20億円
一棟価格
２億円
１フロア
２億円
５階建て
土地20坪
@500万円×20坪＝１億円
10階建て
土地200坪　持ち分1/10 20坪
@2000万円×200坪＝40億円
40億円×1/10＝４億円

「高く・長く貸せる」「メンテナンスコストを平均化できる」「土地の価値が高くなる」。中規模オフィスビルの区分所有には、こんなにも大きなメリットがあります。

にもかかわらず、今まで知られていなかったことを不思議に思うのではないでしょうか。もしかしたら目に見えない、深い落とし穴があるからではないか、と疑ってしまうかもしれません。

その答えは、金融機関の融資にあります。

多くの人にとって、不動産はローンを利用しないと購入することは不可能です。一方で銀行をはじめとする金融機関は、お金を貸すことで事業が成り立っています。したがって、とにかくできるだけ多くのお金を貸したいのです。

多額のお金を貸すことができる融資といえば、住宅ローンです。年間の住宅着工戸数は100万戸前後。ピーク時の1972年には、180万戸を超えていました。年間数十兆円の規模がある市場です。

しかも融資先は、終身雇用によって安定した返済能力があるサラリーマン。30年以上の長期ローンでも、返済ができなくなる可能性は極めて低いのです。金融機関にとってもっとも注力したい市場でしょう。

さらに政府も、国策として国民の住宅購入をバックアップしています。長期固定金利住宅ローンの住宅金融公庫（現フラット35）や、住宅ローン減税などがその一例です。

一方で、20億円以上するオフィスビルは従来個人で買うものではなく、おもに資金力のある企業が購入するものでした。それゆえ長期低金利というローンは存在しませんでした。

現在、20年以上存続する企業は１％に満たないといわれています。そもそも資金力のない中小企業が長期ローンを組もうとしても、銀行のローン審査を通すのは、ほぼ不可能な状態でした。

「銀行が融資に前向きでない」「長期ローンが組めない」。この２つの理由で、オフィスビルへの投資は、一部の資金力のある企業だけしか参入できない閉鎖的な市場だったのです。

そこで私たちは17年前（１９９９年）、「区分所有」という方法を考え出しました。これなら20億円の物件でも、２億円の資金でオーナーになれます。

今までその発想はどこにもありませんでした。そこでまずは数多くの銀行と掛け合い、オフィスビルの区分所有という商品を理解してもらうことからスタートしました。

その甲斐もあって、徐々に審査のハードルが下がっていき、現在では個人でもローン審査が通るまでに至ったのです。

したがって、落とし穴はどこにもありません。むしろ誰もが知っているという状態ではない今こそが、「区分所有オフィス」に取り組むチャンスといえます。

オフィスは空室リスクに強い

私は、区分所有オフィスの経営が皆さんにとって最善の資産防衛策だと思っています。

しかし、ごくまれにですがオーナーから、「こんなはずじゃなかった」といわれることがあります。

その理由のほとんどが、3カ月、4カ月といった長期期間の空室です。オーナーのなかには、毎月入ってくると信じ切っていた賃料が突然なくなり、なかなか次のテナントが見つからない事態に慌ててしまう人がいるのです。

これまで説明してきた通り、中規模ビルは空室になる可能性が比較的低いといえます。ただし、もちろん絶対に空室にならないということではありません。スタッフの増員・減員、業種の転換などテナントにもさまざまな事情があります。これらに伴う移転を止めることは、オーナーにはできません。

したがってテナントが出てしまうことは、いつでも覚悟していなければならないでしょう。つまり重要なのは、その後いかに早く次のテナントを見つけるかです。

「こんなはずじゃなかった」と言うオーナーは、次のテナント募集の際、ある共通のミスを犯しています。

それはプライシングミス、つまり的外れな賃料設定をしてしまうのです。この間違いを犯すオーナーは、ほとんどが以前付けていた賃料にこだわります。

不動産の賃料相場は日々変化しています。

マンションなど住居系の場合は、築年数に従って徐々に下がっていく傾向がありますが、築年数にあまり左右されないオフィス系の賃料は、おもに景気の動向によって上下します。

その上下幅は住居系の比ではありません。

住居系の場合は、入居者募集のたびに賃料を変えなくても、そこそこ人は集まるはずです。しかし、オフィス系はそうはいかないのです。それにもかかわらず、「これまで付けていた月々100万円は譲れない」とプライシングしてしまうと、市場から相手にされなくなってしまいます。その結果、3カ月、4カ月と空室が続く——。

私の経験のなかで、2年近く賃料を下げずに空室が続いたオーナーもいました。これは数千万円の損失です。

このように頑なに賃料を下げないケースは、意外に立地の良い物件のオーナーに多いものです。良い物件を所有しているというプライドと、過去のテナント募集に苦労した経験がないので、どうしても妥協できないのでしょう。

しかし、このプライドは百害あって一利なしです。

どんな物件でも、賃料を適切に設定することができれば、空室に悩むことはあり得ないのです。

仮に1カ月100万円の賃料を、80万円にしたとしましょう。

図表11　事業系と住宅系では、賃料と時間の関係にこれだけ差が出る

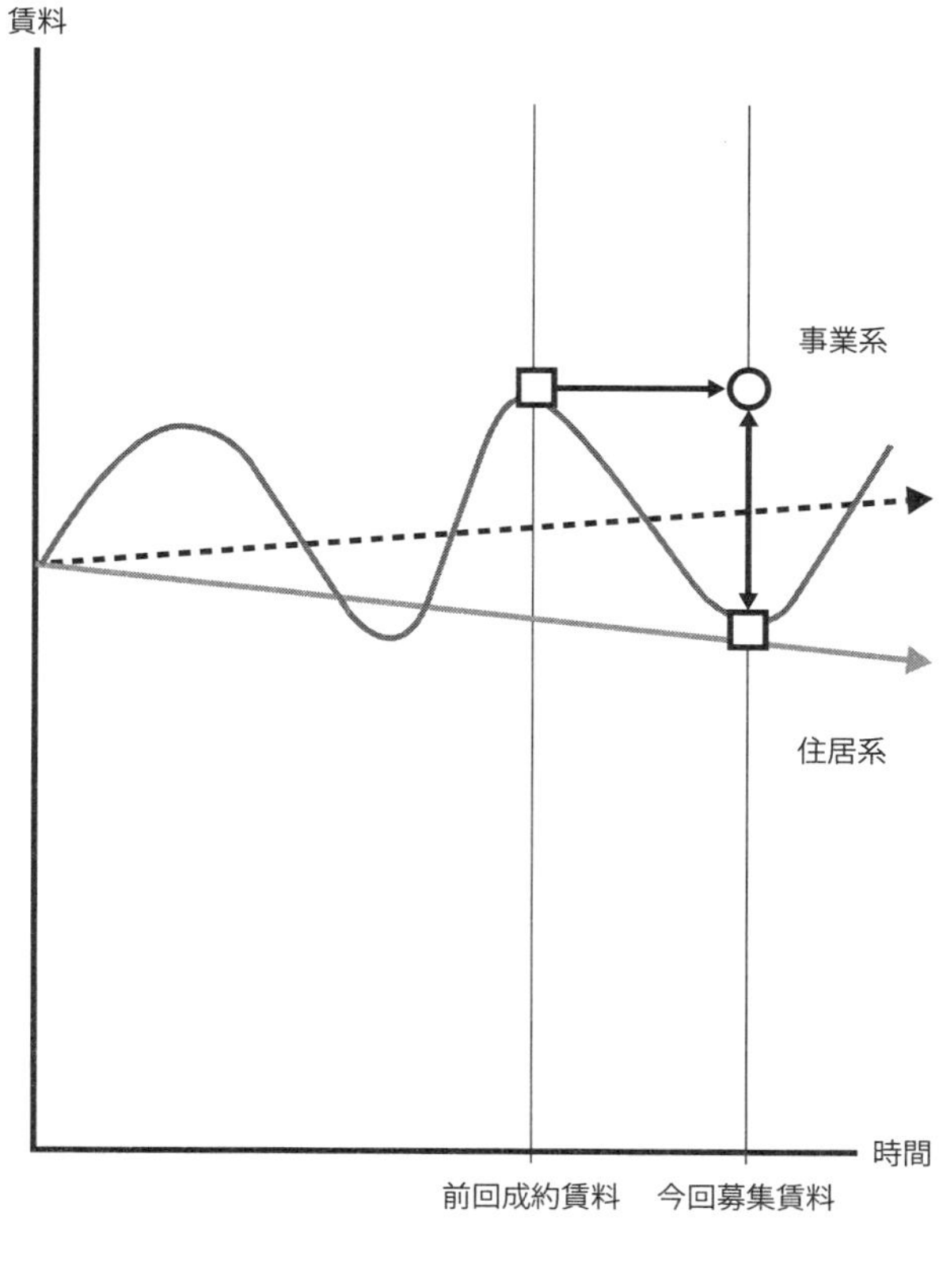

もし、皆さんが経営する会社の月の売り上げが1億円だったら、この値下げによって９９８０万円になります。この20万円の差が経営にどの程度影響するでしょうか。20万円の出費といえば、フルタイムのアルバイトを一人雇ったようなものです。アルバイト一人を雇うことで、会社が傾くことはないはずです。

20万円を惜しんで、80万円の賃料を受け取らないのは本末転倒です。

オフィスビルの賃料は、景気動向で上下するということを肝に銘じて、下げるべきときは思い切って下げるしかありません。

誤解する人が多いのですが、一度下げた賃料は二度と上がらないわけではありません。

オフィスビルの賃料相場は、住宅系と違い、突然大きく上昇するときがあります。それは景気が上向いているときです。

たとえば、２００４年の賃料相場を１００とした場合、２００８年のリーマン・ショック前の住宅系の相場は、１０４・８でした。およそ５％の上昇です。一方で、オフィスビルは１２５・７。約26％も上昇しています。

図表 12　オフィスの賃料は、景気上昇局面において大幅に上昇する

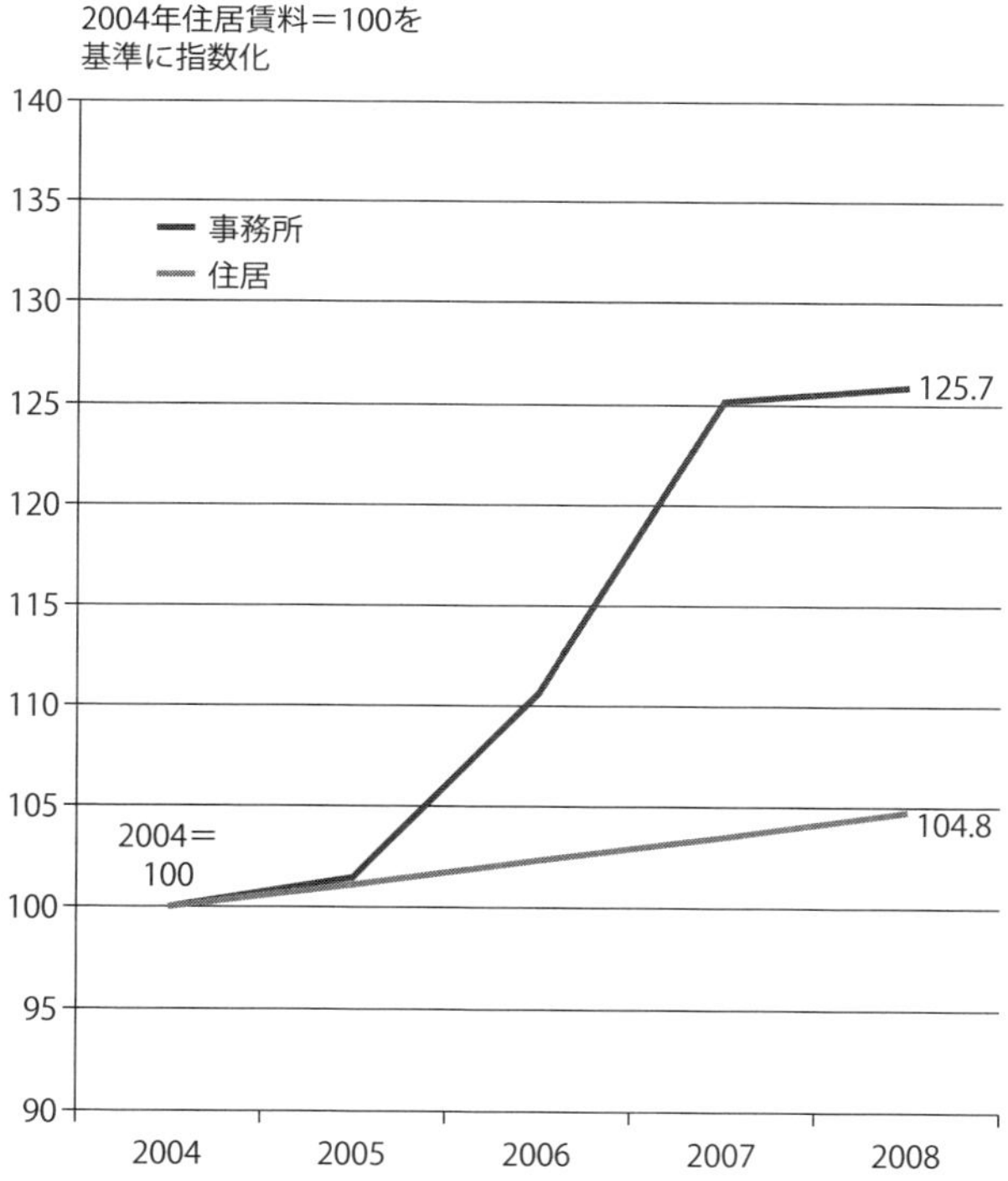

（出所）三鬼商事（株）オフィスデータ、（株）ティーマックス等を基に作成

たとえいったん賃料を下げてテナントを入れたとしても、その次の募集時に景気が良くなっていれば高い賃料でも問題なく集まります。

それどころかオフィスビルの場合は、タイミングさえ間違えなければ、契約中のテナントであっても賃料を上げることが可能です。

ほとんどの賃貸契約は、2年ごとの更新です。賃料の値上げ交渉のベストタイミングは、景気上昇中の契約更新時です。

とはいえ、この交渉には周辺の賃料相場など豊富な知識と経験が必須です。なんの裏づけデータもなく「来月から○○万円値上げです」と伝えても、テナントはけっして首を縦に振ってはくれないでしょう。この交渉を素人が行うには荷が重すぎるはずです。

そこで私たちのようなオフィスビルを専門に販売、管理する会社が必要とされるわけです。私たちは日々の管理だけでなく、賃料の値上げ交渉も積極的に行っています。

実際に私たちは、直近1年間（2015年7月1日～2016年6月30日）で契約更新をした物件のうち、66・9％に賃料増額の交渉を行いました。そのなかの61％の物件で交渉を成立させています。平均増額率は7・9％、最高増額率はなんと66・6％でした。

また、現在（平成28年6月末時点）弊社で管理する物件の空室率は、都内平均の約4％を大きく下回る2・05％です。

私は、一般的なビル管理会社は、オーナーの顔色を見すぎだと考えています。オーナーならば誰だって賃料を下げたくない。しかし、そのために空室が続くのでは、結局オーナーのためになりません。空室のほとんどの原因はプライシングミス、つまり人災です。

そのため、私たちは躊躇なく値下げの提案をしています。

もちろん、周辺の賃料相場など最新データに基づいて納得いただけるように、です。同時に値上げのチャンスもけっして見逃しません。これらもプロの管理会社の仕事と考えるからです。

不動産経営において最大のリスクは空室です。

しかし、時流を読んで適切な賃料設定を行えば、なにも怖いことはありません。

また、たとえ一度賃料を下げたとしても、信頼できる管理会社をパートナーにすれば、しかるべきタイミングで再び賃料を上げることが可能なのです。

第4章

安定した賃料収入、圧倒的な流動性、抜群の節税効果「区分所有オフィス」のメリット

誰もが納得できる効率的な相続税対策とは

資産防衛を検討する際、大きく立ちはだかる壁が相続税です。私たちの会社には仕事柄、相続税対策に頭を抱えている多くの資産家や経営者が相談にいらっしゃいます。配偶者や子どもたちにできるだけ多く残すにはどうすればいいのか。巷にはそのノウハウ本があふれていますが、一体どれが一番効率的なのか判断するのはなかなか難しいのではないでしょうか。

非常に悩ましい問題ですが、実は考えるべき項目は次の４つしかありません。

1. 資産の圧縮
2. 資産の円満分割
3. 納税資金の確保
4. 生前贈与

この４つの項目をクリアすることが、ステークホルダーである誰もが納得できる相続税対策となります。

では、これらに対して区分所有オフィスがどう役立つのかをご説明しましょう。

1．資産の圧縮

仮に現金1億円を持っている人が亡くなった場合、相続税評価額はそのまま1億円となります。

しかし現金以外の資産の場合は、時価よりも低い評価額になることがあります。評価額が低くなれば当然、相続税の納税額も少なくなります。その代表例が不動産です。

第2章のタワーマンションの部分でも触れましたが、土地と建物は、時価よりも低く評価されます。

相続税評価額は、土地の路線価と建物の価値によって決まります。地方の路線価は時価よりも高いケースがあります。

つまり、資産として不動産を所有していると、実際の価値よりも多くの相続税がかかります。

しかし、都心の、しかも商業地の路線価は、時価よりもかなり低く算定されます。時価から5割程度低いことも珍しくありません。そのため都心の不動産を所有することは、そもそもそれだけで相続税対策となるのです。

これに加え、区分所有オフィスを所有していれば、次のような理由で最終的に80％前後（2016年6月現在の税制適用の場合）も評価額を圧縮することが可能になります。

・クオリティが高く、都心の物件のなかでも特に値崩れしにくい

前述したように区分所有オフィスは、「高く・長く貸せる」「メンテナンスコストを平均化できる」「土地の価値が高くなる」といった理由で、不動産市場のなかでも特に値崩れしにくい傾向があります。それだけ購入希望者が多いのです。

また、一般的に中古物件というものは、購入検討時にリフォーム代や修繕積立一時金を差

し引いて予算組みをします。予算ぎりぎりで建物を購入してしまうと、その後の費用を捻出できなくなるからです。

しかし、私たちが取り扱う区分所有オフィスには、その必要はありません。同物件は、いわばフルオプション仕様。私たちが内装をリフレッシュ及びバリューアップし、エアコンやトイレなどの設備類は常に万全のメンテナンス体制で維持しているので、オーナーが費用をかけることはありません。

このようなフルオプション仕様の物件は、市場では高値で取引をされます。ところが相続税評価額には、オプション価格は反映されません。そのため、時価と評価額により大きな差が生まれるのです。

・「小規模宅地等の特例」と「貸家建付地の評価減」を活用できる

「小規模宅地等の特例」とは、被相続人の宅地や区分所有オフィスなどの事業用地に対して評価額を上限面積分まで50％から80％減額する特例です。

図表 13　「小規模宅地等の特例」の図

区分	内容	相続する人	相続税評価額	上限面積
特定居住用宅地等	自宅の宅地	・配偶者 ・同族または生計を一にしていた親族 ・持ち家なしの別居親族	80%減	330㎡
特定事業用宅地等	会社・工場の土地	事業を引き継ぐ親族	80%減	400㎡
貸付事業用宅地等	区分所有オフィス・駐車場の土地	事業を引き継ぐ親族	50%減	200㎡

居住用宅地と事業用宅地を合わせて７３０㎡まで適用されます。

減額の対象となるのは更地ではなく、被相続人の自宅用（特定居住用宅地等）または会社などの事業用（特定事業用宅地等）の土地です。

これらの相続人になるには、元々被相続人と同居していたり、事業を引き継いだりといった条件があります。すでに自宅を購入している方や他社のサラリーマンを続けようとする方は当てはまりません。

しかし、サラリーマンを続けながらでも事業を引き継ぐことが可能な区分所有オフィスとして使用している土地（貸付事業用宅地等）を相続する場合は50％減額され、そのような高いハードルがありません。

また、区分所有オフィスは、「貸家建付地の評価減」の対象にもなります。これは、賃貸物件の所有者は、借り主の権利を守るためにその土地を自由に使用したり売ったりすることができません。その代わりに更地よりも土地の評価を低くするという制度です。

これらの制度を活用すると、どの程度の節税効果があるかの具体例が図表14になります。

同物件のオーナーは、およそ4億円のキャッシュを持っていましたが、それを区分所有オフィスに換えることで、相続税評価額は一気に5823万円まで圧縮できました。

さらに「小規模宅地等の特例」と「貸家建付地の評価減」によって減額し、最終的に89・6％の資産圧縮を実現しました。

＊2016年5月現在の税制を適用。
＊圧縮効果は物件によって異なります。

相続に対する区分所有オフィスのメリットはまだあります。それはタワーマンションのような値下がり方をする可能性が極めて低いということです。

オフィスビルのテナントは、住宅系のように築年数にこだわりません。

そのため、購入してから数年経ったところでほとんど価値は変わらないのです。それどころか立地条件などによっては、価値が上昇するケースすらあります。

つまり、相続したものの値下がりしすぎて売却できない、といったことがほとんど起こらないのです。

図表 14　《事例》都内某所 物件 A

- **販売価格　3 億9,440万円**
- 鉄筋鉄骨コンクリート造陸屋根９階建て
- 築24年２カ月
- 敷地面積　395.30㎡
- 専有面積　231.30㎡
- 土地持分　23,130/170,88（13.54%）
- 前面道路路線価　828.630円/㎡
（不整形地補正後）

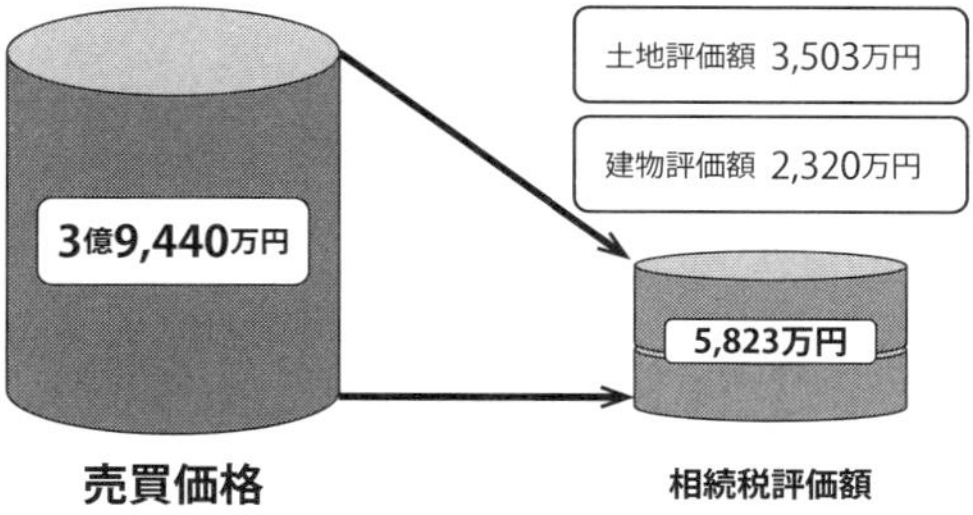

相続税評価額（小規模特例なし）**約5,823万円**
相続税評価額（小規模特例あり）**約4,071万円**

小規模特例を使った資産圧縮率　89.6%

ないでしょう。

2. 資産の円満分割

当然のことながら、相続人は1人とは限りません。

また、相続税の対象となる資産も、現金などのようにきれいに分割できるものばかりではないでしょう。

仮に自宅や自社工場などを相続する場合は、相続人の全員の同意がなければ売却できませんし、そもそも自宅や事業を続けている工場を手放してしまったら、その後の生活に困ってしまうはずです。

だからといって納税するための現金はない。私たちは、そういったケースを頻繁に目にし、耳にします。

また複数の不動産を相続人の人数で分割して相続できる場合でも、その規模が異なっていれば各人によって不公平感が生じます。たとえば、1棟ビルの共有名義では、売る売らないでもめることが多々あるでしょう。

このような争いに発展させないためには、資産を相続人の数できれいに分割できることが重要です。

現在のポートフォリオを再度確認してみてください。分割しにくく流動性も低い不動産に偏りすぎていたり、インフレに弱い現金や国債などの有価証券ばかりになっていたりはしませんか？

どのようなバランスのポートフォリオにするのがベストかは、一人ひとり異なるので、私たちのような専門家にぜひ相談していただきたいと思います。

ただし、間違いなくいえることは、資産を円満分割するカギは、インフレに強く、流動性の高い資産を複数所有することです。

区分所有オフィスは、インフレに強い。

しかも、弊社の実績では平均30日前後で売却が可能です。さらに物件規模の幅が広いので、相続人の数だけ所有することも容易です。

3. 納税資金の確保

相続税を納税する際は、現金が必要です。しかも、相続の発生から10カ月以内に用意しなければなりません。

たとえ納税のために相続人全員が売却を同意している不動産があったとしても、「四十九日が過ぎるまでは」と月日が経ってから動いたのでは、売り急ぐことになり、結果的に損をしてしまうケースが多々あります。

一般的な不動産よりも圧倒的に流動性の高い区分所有オフィスなら、納税する現金の用意に困ることはありません。

4. 生前贈与

相続税対策を検討する際、生前贈与も選択肢に入れるべきでしょう。

ここでぜひ覚えていただきたいのが、暦年贈与です。

これは贈与額のうち基礎控除として年間110万円までは課税されないという制度です。人数に制限がないので、贈与された人それぞれ110万円まで無税となります。

この制度に区分所有オフィスを組み合わせると、圧倒的な節税効果が期待できます。

※現在、当社では不動産特定共同事業法に基づく小口化不動産商品（一口１００万～１０００万円単位）の開発を進めています。

１００年先も生き残るための事業承継戦略

私も含め会社を経営する者にとって、相続税対策と同時に悩ましいのが事業承継です。

経営者の多くは、間違いなく自分の代だけではなく、子や孫へと事業を承継していきたいと願っていることでしょう。

当然のことながら、会社を存続させるうえでもっとも重要なことは、継続して利益を出し続けることです。

しかし、なによりもそれが一番難しいことは皆さんご承知のことと思います。対策としてメインとなるのは、本業に関連した新規事業の立ち上げですが、この方法は危険です。

本業が傾くと、関連するがゆえにそちらもうまくいかなくなるものです。

たとえば、本業が円安に弱ければ、関連事業もまた弱いはずです。

また、会社を存続させたいのなら、災害への対策も考えておかなければなりません。2011年の東日本大震災では、漁業関連の事業が壊滅的な被害を受けました。カニの加工会社が、新規事業としてエビの加工会社を起こしているようなケースでは、総崩れとなりました。今現在の利益率が高いからといって、関連事業だけに手を広げてしまうと、売り上げのブレが大きくなってしまいます。

一方でオフィスビル経営は、皆さんの営んでいる事業とは関連していないはずです。しかも、その売り上げは震災時でも変化しませんでした。ほとんどの会社は、地震が発生したからといって活動を止めることはありません。生活のため、社会のため、なにがあっても企業活動は続けなければならないからです。それゆえ、賃料が下がることはなかったのです。

また、オフィスビルに関しては、建物が頑強なために倒壊はおろか半壊する物件もほとんどありませんでした。つまり、復旧コストもあまりかからなかったのです。オフィスビル経営は、非常に災害に強い事業といえるでしょう。

前述のように、日本全国の創業１００年以上の企業のなかで2番目に多い業種が貸事務所業（オフィスビル経営）。しかも東京では第1位です。

時代に左右されにくい利益率の高さから、本業に代わって長く存続するケースもけっして珍しくありません。

元々は営業外収益として稼ぎ出していたオフィスビルの賃貸収入は、手間暇をかけなくても継続させることが可能です。時代の経過とともに本業が利益を生み出しにくくなったときのために、本業とは連動しない収入源の確保は事業継続性を高めるうえで必須といえます。オフィスビル経営は、その選択肢として最適ではないでしょうか。

本業以外の収益で人件費などの固定費がまかなえる

これは本業の業種や規模にもよりますが、私の経験則でいえば、「純資産の3倍」あるいは売上高と同額の区分所有オフィスを所有すれば、人件費などの固定費をまかなえるはずです。

たとえば、売上高10億円の会社ならば、数年間かけて複数の合計10億円分の物件を所有したとします。利回り4％として計算すると年間の賃貸収入は、4000万円です。年間でこれだけの収入があれば、現在の人件費や自社オフィスの賃料などの固定費は支払えるのではないでしょうか。

仮に区分所有オフィスから自社オフィスの賃料以上の収益があれば、自社ビルを購入した以上の財務効果を得ることになります。

このように本業とは連動しない収益は、内部留保の拡大に役立ちます。

内部留保とは、企業の利益金額から役員賞与、配当、租税などの社外流出分を除いた部分を社内に保留することです（内部留保の概念には広狭があり、具体的にどの勘定科目を内部留保の計算に用いるかをめぐって、会計学や経営分析の研究者間でも見解に相違が見られます）。会計上は「利益準備金」「任意積立金」「繰越利益剰余金」などの項目で、貸借対照表の純資産の部に計上されます。

内部留保を蓄積していくことは、事業を継続していくうえで非常に重要です。設備投資や市場環境悪化への対応、新製品の開発などに回して事業を拡大する源泉となるからです。

また、退職金積み立てや経営者、従業員の保険などに活用すれば、福利厚生の充実と同時に節税効果も期待できます。

さらに内部留保が十分蓄積されている会社は、取引先だけでなく金融機関からの信頼も増します。その結果、与信も拡大するので融資が受けやすくなります。

皆さんも感じているとは思いますが、本業で内部留保を拡大していくのは、けっして容易ではありません。ほとんどの事業の業績というものは、景気や個別市場の変動、災害など外部要因によって大きく左右されてしまいます。

そのような荒波のなかで、予想通りの内部留保を蓄えている経営者はそれほど多くないのではないでしょうか。

そこで必要なのが、これらに左右されず、本業にも連動しない区分所有オフィスからの収益なのです。

長期ローンでレバレッジ効果を最大限活用する

区分所有オフィスの価格は、小規模なもので1億円以上、中心価格帯だと2億〜3億円です。いくら会社経営者や資産家でも簡単に右から左へと動かせる金額ではないでしょう。

そこでほとんどのケースで、銀行からの融資を受けることになります。

億単位の融資に対して拒否反応を示す人は少なくありません。当然といえば当然です。

しかし、区分所有オフィスに限らず不動産投資というものは、このような融資によるレバレッジ効果が利用できることこそ大きなメリットとなっています。

レバレッジ、つまりテコの原理によって少額の自己資金（頭金）で、大きな投資を行うのです。投資額が大きくなれば当然、見返りも大きくなります。

ＦＸなどでもレバレッジ効果を利用できますが、その安全性は区分所有オフィスには到底及びません。ＦＸは元本割れどころか投資した金額がまったくのゼロになる可能性がありますが、都心を中心とした区分所有オフィスは、その価値がゼロになる可能性は皆無といってもいいでしょう。

それどころか、もし売却することになった場合は、購入価格以上で売れる可能性も十分にあります。また万一、何かの事情で毎月の返済ができなくなっても、売却すればローンは完済できます。

前述したとおり銀行は以前、区分所有オフィスに対する融資に前向きではありませんでした。なぜなら前例がなかったからです。

実は、私たちがこの商材を売るためにもっとも苦労したのはこの点でした。いくら利回りの良い物件でも、融資が受けられなければ買ってくれる人が見つかりません。

そこで私たちは、ありとあらゆる努力をして実績を積み重ね、そのことを証拠として融資の交渉を続けてまいりました。

銀行は、ある程度の実績があると、途端に融資審査のハードルを下げてきます。実績とは、いかに貸したお金をスムーズに回収できるかの証拠です。

具体的には、空室率の低さ、流動性、適正な修繕積立金の3点です。

空室率の低さは、都心平均で4％前後（２０１６年6月現在）のところ、私たちは半分の約２％をキープしています。

流動性に関して詳細は後述しますが、私たちは売却を依頼されてから売買契約を経て締結するまでを平均30日ほどで行っています。さすがに一等地の物件でなければこのスピードで売却するのは難しいですが、それを差し引いても圧倒的な早さといえるのではないでしょうか。

修繕費積立金は、意外に銀行が注目する部分です。

特に分譲マンションでは、積立金が不足し、十分な修繕を行えない事例が多発しているからです。きちんとした修繕を行えないマンションは、売却しようとしても買い手がなかなか見つかりません。

また、賃貸に出しても入居者が見つからないものです。つまり、融資を受けた人が返済できなくなる。このことに懲りている銀行は、オフィスビルに関しても同じことが起きると警戒しているのです。

そこで私たちは30年間の長期修繕計画を作成し、けっして不足がないように修繕費を積み立てています。

このような実績が、証拠となり現在ではある程度の与信枠のある人であれば、融資審査が通らないことはほとんどなくなりました。

この話をしても会社の経営者などは、ローンを組むことを怖がります。返済途中で貸しはがしを迫られたら本業の経営も危うくなるというのです。

ご存知だとは思いますが、貸しはがしとは、銀行がすでに融資しているお金を期限前に返済するよう要求することです。一部の銀行は、バブルの崩壊やリーマン・ショック後に自行の経営安定を優先するため、きちんと返済している企業に対しても、返済期限の到来前に全額返済を迫ることがありました。

この事実を経験、または知っている人は、多額の融資を受けることを拒む傾向があります。しかし、区分所有オフィスを対象とする融資に貸しはがしは考え難いです。貸しはがしを行うのは、おもに1年から3年といった短期の事業に対しての融資です。

一方で私たちが利用するのは、10年以上の長期ローンです。銀行は長期ローンを組んだ物件に対しては、担保価値が急激に下がっても慌てません。10年以上あれば価値が上がる可能性が極めて高いことが分かっているからです。

たとえ、バブル崩壊クラスの大暴落があったとしても、長期ローンの貸しはがしの優先順位は、かなり低いといえるでしょう。

皆さんには、融資金額の大きさに関しては気にしないでいただきたいと思います。融資額が大きいほどレバレッジ効果も大きいということです。

ちなみに私たちの会社では、創業以来１０００室超の販売をしておりますが、途中で返済ができなくなったオーナーは一人もいません。

現金が必要ならばすぐに売却可能

不動産は数多くの投資対象のなかでも、群を抜いて安定性の高いものです。

その理由は、これまでも説明してきたようにインフレへの強さや月々の賃料収益などにあります。

その一方で、一度所有するとなかなか現金化できないという流動性の問題を指摘する人がいます。

たしかにマンションや一戸建てなどは、不動産会社と売却の媒介契約を結んでから買い主を見つけ、引き渡し、入金となるまで平均で3カ月程度といったところです。価格設定を高めにしてしまうと、半年以上を費やすことも珍しくありません。
一方で、株式などほかの投資対象は、すぐに売却が可能です。いざ現金が必要になった際には、ここがデメリットといわれてしまいます。

ところが区分所有オフィスならば、不動産のなかでは圧倒的に早い売却が可能です。その理由は、私たちの顧客同士で売買市場が形成されているからです。
現在、区分所有オフィスの目利きができるのは、私たちだけであると自負しています。つまり私たちが、これは売り物になるとスクリーニング（選別）した物件は、ほぼ間違いなく赤字経営になることはありません。それは前述の事故率ゼロが物語っています。

そこで私たちが物件を販売する際は、オーナーとなる人の予算や購入の目的、ポートフォリオなどを考慮して最適な物件を提案します。最初から適正価格で提示するので、価格交渉はしません。

したがってほとんどが2～3回程度の商談で月間40億円から50億円の契約が成立しているのです。

資産形成の目的を、会社の内部留保の蓄積とするならば、その資産はすぐに売却できることが絶対条件です。これをクリアしなければ、設備投資などの最適なタイミングを逸してしまいます。

区分所有オフィスが事業承継対策にも最適な理由

私たちの会社とお付き合いいただいているオーナーには、会社の経営者が数多くいらっしゃいます。

昔は苦労なさった方たちばかりですが、現在は事業が軌道に乗り、やっと一安心というケースも多いようです。

しかし、そのような方たちだからこそ、大きな悩みがあります。

それは事業承継です。

「そろそろ子どもや親族に会社を譲り渡したい。とはいえ、そのまま渡してしまったら多額の贈与税や相続税を支払わせることになってしまう。なんとか資産（株価）の評価を下げられないか」

これは、ある程度の年齢に達した経営者に共通する悩みではないでしょうか。

このような事業承継対策にも、区分所有オフィスは非常に有効です。

まず、公開している株式の場合は、証券取引所での取引状況によって株価が決まります。

しかし、非上場会社の場合は、一定のルールによって株価を算出します。

一定のルールとは、次の3つです。

- 類似業種比準方式
- 純資産価額方式
- この2つの併用

どの方式が適用されるかは、会社の規模によって異なり、その規模は純資産価格、従業員数、取引金額などを組み合わせて判定します。

ここで注目したいのは、この3つの方式のうち類似業種比準方式がもっとも株価の評価が低くなるということです。

そこで区分所有オフィスを活用するわけですが、その仕組みは会社の分類によって2つの方法があります。

●中会社の中以上の場合

まず、ホールディング会社を設立します。ホールディング会社を設立して自社の株を移転させることで、ホールディング会社を事業持株会社にすることが可能になります。

事業持株会社は、一定の条件をクリアすることで株価を類似業種比準方式で評価すること

図表 15　ホールディング会社で不動産を購入し株価圧縮

株式保有特定会社 (純粋持株会社) 純資産価額方式 にて評価	事業持株会社 純資産価額方式にて評価 **類似業種比準方式にて評価**	土地保有特定会社 純資産価額方式 にて評価
$\dfrac{\text{株式等の価格}\text{（相続税評価価格）}}{\text{総資産価格}\text{（相続税評価価格）}} \geqq 50\%$	$50\% < \dfrac{\text{株式等以外の価格}\text{（相続税評価価格）}}{\text{総資産価格}\text{（相続税評価価格）}} < 70\%$ A社株評価が高いため、B社株評価を類似業種比準方式にて評価させたい場合 **不動産保有会社** この範囲内で不動産を取得	〈大会社〉 $\dfrac{\text{土地等の価格}\text{（相続税評価価格）}}{\text{総資産価格}\text{（相続税評価価格）}} \geqq 70\%$ 〈中会社〉 $\dfrac{\text{土地等の価格}\text{（相続税評価価格）}}{\text{総資産価格}\text{（相続税評価価格）}} \geqq 90\%$

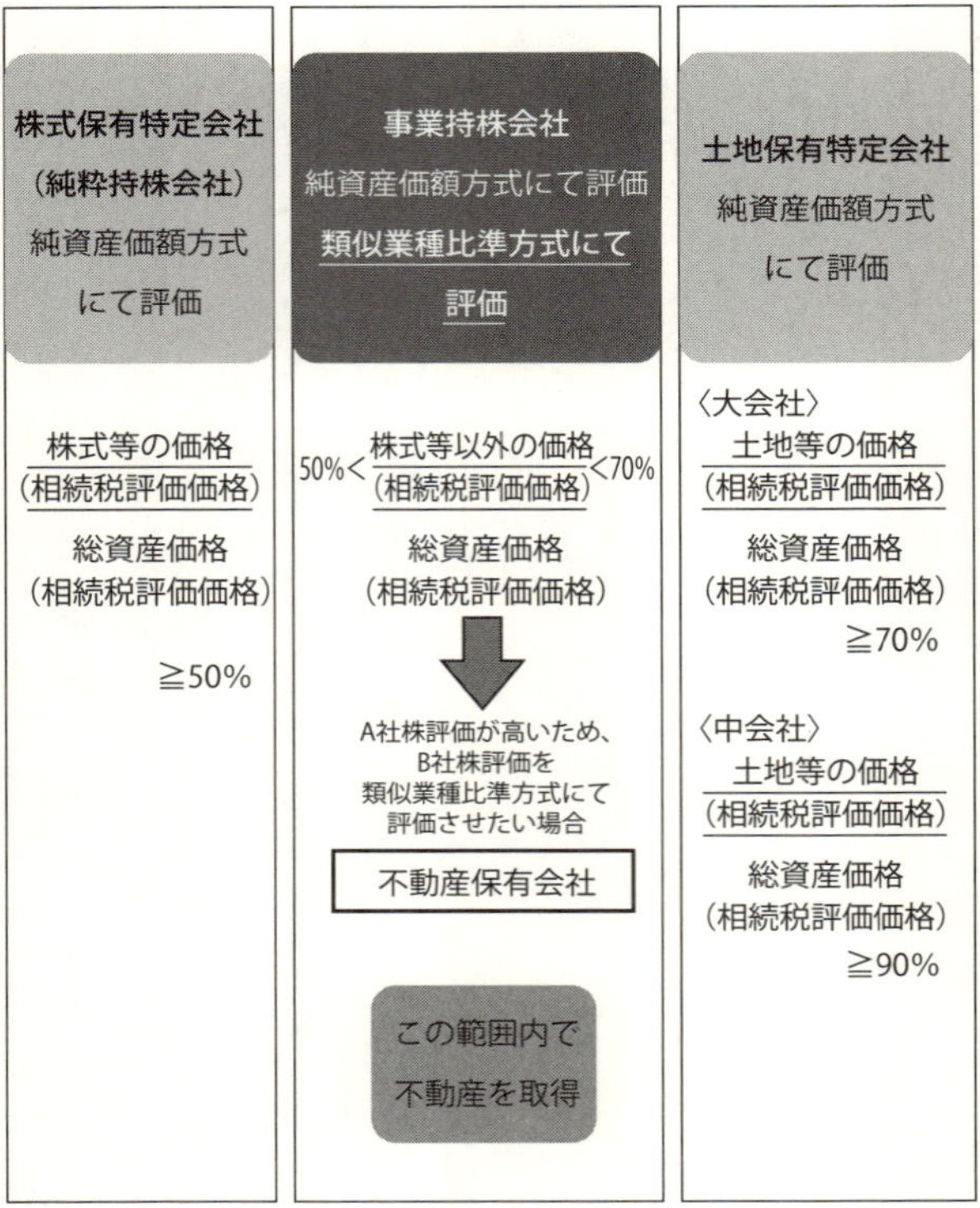

ができます。一定の条件とは次のようなものです。

株式等以外の価格（相続税評価額）を総資産価格（相続税評価額）で割った値が、50％を超え、70％未満であれば事業持株会社と見なされるのです。

ところが多くのホールディング会社は、株以外の資産がありません。

つまりそのままでは株式の保有割合が１００％として、株式保有特定会社となり、純資産価額方式によってしか株価が評価されなくなってしまいますので、株価は高く評価されてしまいます。

そこで区分所有オフィスを購入することで、総資産価格を調整するのです。1億円程度から購入可能な区分所有オフィスなら、この値の調整にちょうどよいのではないでしょうか。

しかも、流動性が高いので毎年変化する株価の評価に合わせて買い増しや売却することが可能です。不動産の比重が70％以上になると、土地保有特定会社となってしまうので売却して調整するという手も使えます。

これは区分所有オフィスだから可能な「自在性」といえます。

もちろん、こういう対策をしつつ、オフィス賃貸業として安定収益が見込めることも魅力でしょう。

●中会社の小、または小会社の場合

この規模の会社の場合は、ホールディング会社を設立しなくても、区分所有オフィスを所有することで十分株価を圧縮することができます。

その仕組みはこうです。

会社の株価は、純資産価格に比例します。資産は株式のほか、現金、預金、不動産、保険、有価証券などがあるでしょう。

ここでは分かりやすくするため、現状の資産が現預金2億、有価証券、その他資産20億円（総資産22億円）の会社としてシミュレーションします。

図表16　事業会社にて20億円区分オフィス購入後のB/Sイメージ

〈現在のB/S〉

資産の部	勘定科目	相続税評価額	帳簿価格	負債の部	勘定科目	相続税評価額	帳簿価格
	現金	2億	2億		借入	0円	0円
	その他資産	20億	20億		負債	0円	0円
	総資産	22億	22億	純資産価格（総資産－総負債）		22億	22億

〈不動産購入時のB/S〉

区分所有オフィス20億円を所有

資産の部	勘定科目	相続税評価額	帳簿価格	負債の部	勘定科目	相続税評価額	帳簿価格
	現金	2億	2億		借入	20億	20億
	その他資産	20億	20億		負債	20億	20億
	不動産	20億	20億	純資産価格（総資産－総負債）		22億	22億
	総資産	42億	42億				

3年経過後

〈不動産購入から3年経過後のB/S〉

（資産負債の増減はないものと仮定）
評価額が時価から相続税評価額にかわる
（圧縮率80%と仮定）

資産の部	勘定科目	相続税評価額	帳簿価格	負債の部	勘定科目	相続税評価額	帳簿価格
	現金	2億	2億		借入	20億	20億
	その他資産	20億	20億		総負債	20億	20億
	不動産	4億	20億	純資産価格（総資産－総負債）		6億	22億
	総資産	26億	42億				

この状態から区分所有オフィスを頭金0円、つまりフルローンで20億円分購入します。これで総資産は42億円になりましたが、区分所有オフィスの購入価格がすべて借り入れとして負債となるので純資産価格は22億円になりました。

しかし、前述のように区分所有オフィスの相続税評価額は、現金や有価証券よりもはるかに低いものになります。法人の場合、評価額が時価から相続税評価額に変わるのは、購入してから3年後まで待たなければなりません。

3年後は20億円だった区分所有オフィスの評価が、16億円（80％）減、の4億円となりました。これにともない純資産価格も16億円減り、6億円となります。

この原理によって株価の評価も引き下げられるというわけです。こちらも区分所有オフィスの評価額圧縮率が高いからこそ実現できる方法といえるでしょう。

ここで誤解していただきたくないのは、評価額が4億円になったからといって、贈与または相続時の実勢価格までもが4億円にはならないということです。今までの実績では、購入時と同等、またはそれ以上の価格での売却が成立しています。

このように区分所有オフィスは、安定した収益を生むだけでなく、相続時または事業承継時の節税対策にも非常に有効なツールとなり得るのです。

第5章　「区分所有オフィス」によって資産防衛を実現した事例

本章では、実際に私たちの会社から区分所有オフィスをご購入いただいた方の事例を紹介します。

それぞれの課題や購入に至った経緯、現在の様子などから皆さんの資産防衛のヒントが見つかれば幸いです。

事例1：相続税の負担軽減

オーナー：A氏（68歳　元メーカー役員）

A氏の資産は十数億円で、そのほとんどが自宅と有価証券、現金でした。

お仕事はすでに勇退され、認知症の兆候が見られる状態。2人のご子息がおりましたが、時々名前を忘れられてしまいます。両人とも将来の相続対策が心配になってきました。

そこでご子息が知り合いを通じてコンサルタントB氏に相談。B氏はA氏とも会い、今後起こり得る老後の生活の問題や介護などに必要な資金について説明しました。そのなかで家族信託が有効だということになり、長男が受託者となり信託契約を締結しました。

家族信託とは、資産を持つ人が、自身の老後の生活など特定の目的に従って、信頼できる家族や親族に資産を託し、その管理・処分を任せる仕組みです。家族や親族に管理を託すので、信託銀行などと違い高額な報酬は発生しません。

その後、私たちがB氏の紹介で資産運用のお手伝いをすることになりました。

資産十数億円の大半は有価証券です。そのため相続発生時は55％を納税しなければなりませんでした（控除額除く）。

そこで家族信託を活用し、資産を別の方法で運用することにしました。弊社の物件を購入し、相続税評価額を圧縮することにしたのです。

ご子息が選んだ物件は、次のものになります。

- 所在地：千代田区
- 構造：鉄筋鉄骨コンクリート造９階建て
- 築年数：24年２カ月
- 敷地面積：４９５㎡

・分譲価格：8億円（2フロア）

小規模宅地等の特例を適用し、8億円の評価額を約90%圧縮。およそ8000万円にすることに成功しました。

A氏と2人のご子息は、肩の荷が下りたと安心してくださっています。

事例2：円満な遺産分割

オーナー：C氏（70歳　製造業会社経営）

C氏には知人を通じて遺産分割の相談を受けました。C氏には3人の相続人（ご子息2人、ご息女1名）がおり、兄弟間の争いが起きないようにしたいとの意向。資産10億円を円満に分割させたいというのです。

そこで私たちは、10億円の資産圧縮に加えて、3人の相続人が、将来、「争族」とならないため、1棟の物件ではなく、分割できるように、あえて3物件を同時に提案しました。事前に各自の希望をヒアリングし、その希望に合わせた物件を勧めたのです。

ところが、ここで2つの問題が発生しました。

一つは、ご長男が難色を示したことです。相続税の圧縮になることは理解できるが、すでに住居系の不動産を所有しており、その管理や空室で父親が苦労している姿を見ているので、これ以上不動産を増やしたくない、とのこと。

そこで私たちは、住居系と事業系（オフィス）の違いを長男に説明しました。管理面は、私たちが一括管理するので手間は一切かからない。空室リスクについては、住居系との空室率の差（住居系16％に対し、オフィスは４％、ボルテックスは２％前後）と解約予告期間の差が５カ月あり、実績として３カ月でテナント付けができていることなどを丁寧にご説明させていただきました。

ご長男は最初こそ聞く耳を持たない様子でしたが、だんだんと需給バランスと種別による優位性を理解くださり、最終的には十分納得したうえでの契約となりました。

もう一つの問題が融資です。当初、C氏の会社と取引のある銀行から融資を受けるはずでしたが、その銀行では区分所有オフィスの取引事例が少なく、希望に沿った融資は受けられそうになかったのです。さらにその銀行からは、別の不動産会社が扱う住居系の物件の紹介までされてしまっていました。

とはいえ、C氏をはじめ、ご子息たちも、すでに区分所有オフィスのメリットを十分に理解しています。今さら住居系を購入する気になるはずがありません。

そこで私たちは、区分所有オフィスに対する融資実績がある別の銀行を紹介しました。事前にC氏の会社の決算書などを提出し、その情報をもとに斡旋する銀行と協議。その結果、希望額以上の融資と借入期間で融資を受けることができました。

購入したのは、東京都の港区、品川区と神奈川県の横浜の3物件です。合計10億円の資産を小規模宅地の特例などを適用し約90％の圧縮。相続税評価額を約1億円にしました。

現在は、以前から保有している住居系物件の資産組み替えの相談を受けています。

事例3：相続税納税資金の準備
オーナー：D氏（85歳　不動産管理会社経営）

D氏は、東京郊外の自宅周辺に複数の不動産を持つ、いわゆる地主です。その相続税評価額は約7億円。更地が多いことが評価額をつり上げていました。

D氏とは、とある税理士の紹介で面談することになりました。話してみると、85歳という年齢ながら頭脳明晰という印象でした。ハキハキとした口調で、日々どれだけ家族が困らない相続を考えているかを心を込めて語ってくれました。

アパートや駐車場などの不動産はあるが納税資金がないことがその理由だそうです。それらの土地は代々引き継いできた土地で、けっして売却したくはありません。当然、物納の対象にもしたくありませんでした。

そこで私たちは、ある程度の資産圧縮と納税資金準備を兼ねた対策を検討。当然、苦渋の選択になってはしまいますが、残しておきたい土地とそうでない土地を区分けしてもらう提案をしました。どんなに悩んでも、いずれ相続税納税資金を用意しなければなりません。ならば、相続発生時に緊急に売却するのではなく、事前に十分な時間をとって売却を進め、それを原資に区分所有オフィスを購入して、評価額の圧縮を図ろうと考えたのです。

すると、やはりD氏は首を縦に振ってくれませんでした。どうしても土地の区分けができないというのです。

そのまま数カ月が経過。区分所有オフィスが、相続対策に十分な効果がある商品だと納得しているものの、土地は手放したくない。しかも高額な投資商品です。どうしても踏ん切りがつかないご様子でした。

この後、考えに考え抜いた末にようやく土地の売却と物件の購入を決断するに至りました。しかし、当初提案した物件は先に購入希望者がおり、僅差で購入することができませんでした。

そこでD氏の気持ちが完全に切り替わります。この失敗を教訓に、現在所有している物件を内見もせずに購入を決断しました。これは自分でも驚くほどスムーズな意思決定だったと後に語ってくださいました。

結局、3億円分の土地を売却し、東京都心の四谷にある物件へ組み替えて、資産の圧縮を図りました。平常時は収益物件として活用し、収益を納税資金に充てる。いざとなれば相続発生時に、私たちが転売を行って納税資金を準備する予定です。現状私たちの平均転売期間は30日です。相続税の納付期限は相続の発生から10カ月ですから、十分猶予があるはずです。

事例4：相続税対策のため3人のご子息へ説明

オーナー：E氏（74歳　製造業会社経営）

E氏とは、ある銀行からの紹介でお会いしました。当時、預金を中心とした現金の運用とご子息3人の円満な相続税対策を同時に行いたいとのことでした。

事前に銀行である程度説明を受けていたということで、築年数や売却時の手続きなどに関して多少質問があったものの、スムーズに契約の意思を伝えてくれました。

ただし、一つだけ条件がありました。それは「独立してそれぞれ住まいの異なる3人の子どもへ個別に説明してほしい」ということです。

そこで私たちは、それぞれのご子息へ電話をしてアポイントを取り、説明に回りました。

結果は、多少アポイントを取るのに苦労したご子息がいたものの、皆さんご納得いただきました。提案した物件は12階建てで、ご子息で分けやすいよう3フロアをご購入いただき、トータル3億円強となる内容でした。

E氏は、早速頭金として総額の3割にあたる約1億円を用意し、融資を申し込みました。ところが審査が通る前にほかで契約が決まってしまいました。そこで私たちは、同様の条件の物件が出たら必ず連絡することを約束しました。

1カ月後、ほぼ同価格で若干広い千代田区の物件がリリースされたので、あらためて提案。今度は審査がすぐに通り契約に至りました。E氏は、以前タッチの差で手に入らなかった物件よりも若干広い物件を購入できて逆にラッキーだったと非常に満足してくださっています。

事例５：法人として購入し、本業の完全な下支えに

オーナー：金属加工業会社

　このケースは、法人として区分所有オフィスを購入した例です。目的は本業の下支えでした。金属加工業を営むこの会社は、以前は自動車関連を中心に、家電、化学など複数の業界から仕事を受けていました。しかし、リーマン・ショックをきっかけに受注額は徐々に減り、特に家電業界からの注文は激減しました。

　売り上げの要である自動車業界は生産拠点を海外へシフトし、大手家電メーカーは次々と買収されるなか、今後の業績が大きく上向くことは期待できません。

　そこでこの会社の社長は、本業の下支えとして不動産運用をしたいとメインバンクに相談。当時流行していたタワーマンションを検討したいということでした。

　しかし、私たちと取引のあったその銀行の担当者は、すでに区分所有オフィスの優位性を知っていました。そこで私たちの会社へ社長と一緒にご来社されたのです。

　私たちは、区分所有オフィス運用とタワーマンション運用の違いを詳細に説明しました。

同時に本業とは連動しない資産を持つメリットも再確認してもらいました。

オーナーはこれらの説明のなかでも、特にタワーマンションの資産価値の減少率と賃料の下落の可能性にインパクトを受けたようです。じっくり考えたいと初回の商談はここまで。

2回目の商談では、都心の不動産の将来性とそのなかでの区分所有オフィスの優位性を丁寧に説明しました。社長はこの時点で購入を決断。自己資金など支払い条件を確認して購入へと至りました。

【特別コラム①】

自社オフィスを「区分所有する」という選択肢

区分所有オフィスの認知度が上がり、最近は投資用ではなく自社用として活用したいという問い合わせが増えてきました。「オフィスの賃料が高く、財務を圧迫している」「自社ビルを欲しいが、ビル1棟を購入するのは難しい」という経営者は意外に多いのです。

たとえば、先日は次のような例がありました。

業種：食品メーカー
本社：大阪市
年商：20億円
社員数：50名

大阪に本社を構える食品メーカーA社は、東京への進出を計画していました。

そこで必要なのがオフィスです。取引先や本社との行き来の関係で東京駅周辺の賃貸オフィスを探していました。しかし、どこも予想以上に賃料が高く、ランニングコストを考えると二の足を踏んでしまいます。

このような状況で知っていただいたのが私たちの区分所有オフィスです。いくら必要経費といっても賃料は支払うだけで後にはなにも残りません。ならば資産として残せる区分所有オフィスへ経費をかけた方が効率的と思考を転換したのです。

私たちが提案した区分所有オフィスは、次のようなスペックです。

立地：東京都（新宿駅より徒歩7分）
階数：地上10階建て
専有面積：196・56㎡（59・45坪）

A社は当初50坪から60坪で、賃料は月100万円、年間1200万円の賃貸オフィスを想定していました。しかし、希望に叶う東京駅周辺の物件は月128万円、年間1540万円の支出となり、かなりの予算オーバーでした。

それが提案した区分所有オフィスの購入をシミュレーションすると、月78万円、年間1100万円の支払い。賃貸の場合よりも大幅なコストダウンが実現できます。

さらに25年換算すると、賃貸の場合は4億円の外部流出なのに対し、購入の場合の外部流出はローン金利や取得時の諸費用だけなので9700万円に抑えられます。

A社の経営者は、月々の支払いが少なくなるうえに、外部流出を圧倒的に軽減できると購入を決めました。

自社オフィスを区分所有するメリットをまとめると以下の8つになります。

①都心の商業立地で建物全体のグレードも高い

私たちの扱う区分所有オフィスは都心の好立地物件のみです。また、引き渡し前に状態に応じて外壁等の大規模修繕工事、内装リニューアル工事、トイレや洗面台などの設備交換工事といったバリューアップ工事を実施し、ビル自体の資産価値を上げています。

②必要なスペースだけ所有できるのでリーズナブル

比較的少ない予算で、グレードの高いオフィスを所有できるのが区分所有オフィスの魅力です。

③規模が大きく敷地も広いので土地持ち分の価値が高い

前述のようにオフィスビルは、敷地面積が広いほど資産価値が高くなります。そのため再開発時などに有利です。

④ワンフロアが広いのでオフィスレイアウトが自由

オフィスが広ければ、それだけ人員や設備の増強に柔軟に対応できます。

⑤部署間の移動や意思決定がスムーズ

部署をまたいだ会議や相談にエレベーター等を利用するのは非常に非効率です。広いオフィスならそのような事態になることはないでしょう。

⑥修繕積立金の分担により大規模修繕の負担を軽減

区分所有オフィスは、必ず専有部分の面積に応じた修繕積立金を納めるシステムになっています。そのため1棟所有の場合と違い、オーナー一人で大規模修繕費を負担する必要はありません。

⑦急なメンテナンス負担を排除する管理組合方式

エレベーターなどの共用部分はもちろん、専有部分のトイレや空調設備まで修繕費は管理組合が負担。突発的な出費に悩むことはありません。

⑧区分所有だからスムーズな売却や賃貸が可能

区分所有オフィスを「売りたい」「貸したい」。この出口戦略に精通しているところも私たちの強みです。

売却するならば自社オフィスとしてだけでなく、賃貸物件としてテナントを付けてからという方法も可能です。

また、急な資金調達が必要になった場合は、いったんオフィスを売却し、そのまま買い主から賃貸する「リースバック」という提案もしています。この方法ならば資金調達をしたうえで移転費用がかからず現状通りの業務を継続できます。

賃貸にするならばワンフロアすべてを貸すだけでなく、一部だけ貸して残りは今まで通り自社で利用するという方法もあります。

今まで私たちは自社ビル購入を希望する経営者から「予算の問題からペンシルビルしか買えない」「中規模ビルを買っても使用するのは一部。残りを賃貸に出したいがテナントが入るか心配」といった声を数多く聞いてきました。区分所有オフィスならばこれらの問題をすべて解決し、安定した財務基盤を構築できます。

【特別コラム②】

リスク分散投資を可能にする「オーダーメイド一棟」

区分所有オフィスの認知度が上がるにつれて、資金力のある資産家や法人から1棟丸ごと購入したいという案件も増えてきました。そもそも私たちの取り扱う物件は、優れた立地条件や規模、設備などから非常に競争力の高いものなので、資金が調達できるのならば、そのまま1棟保有することもお勧めできます。

しかし、さらに有効な資産防衛策があります。それは1棟を購入する資金で、複数の区分所有オフィスを購入する方法――たとえば、20億円の資金で1棟のオフィスビルを買うのではなく、2億円の区分所有オフィスをエリアを分けて10フロア購入する方法です。私たちはそれを「オーダーメイド一棟」と名付けました。オーダーメイド一棟のメリットは以下の通りです。

1. 丸の内、表参道、渋谷といったように入居者の特性が異なるブランドエリアの物件を同時に保有できる。
2. オフィス、商業ビル、コンビニエンスストアなど異なるカテゴリーの物件を同時に保有できる。
3. 異なる築年数、規模、金額の物件を選べるので選択の幅が広い。
4. 安定した家賃収入の確保、自社オフィスとしての活用、値上がりへの期待など、目的に応じて複数の物件を組み合わせて保有することができる。
5. 相続対策で購入する場合、ワンフロアずつ保有することで、円満な分割が可能になり、「争族」を予防できる。また、納税資金が必要な場合、その一部を早期に売却することも容易であり、さまざまな相続税対策に対応可能。
6. 専有部分のみの保有となり、エレベーター、水まわりなどの設備部分をすべて管理組合で運営するために突発的なコストが発生しない。そのため安定したキャッシュフローを実現できる。
7. ワンフロアずつの売却が容易なのでポートフォリオの組み替えがしやすい。また、値上がりした物件を一部売却して得た資金をほかの物件の返済に充てるなど、資金の運用、調達も可能となる。

8. ワンフロアずつの売却が可能であり需要も多いため、比較的短期間での売却・転売が容易となり、高い流動性を確保できる。

このようなことからオーダーメイド一棟は、1棟ビルの購入では実現できないリスクを分散した不動産投資を可能にします。

おわりに

ここまで読んでいただければ、今まで聞いたこともなかった「区分所有オフィス」がいかに優れた資産防衛の手段かお分かりいただけたかと思います。

世の中には、数え切れないほどの資産防衛策がありますが、私の経験上、これほど合理的で失敗する可能性が極めて低い方法はほかにありません。

「高く・長く貸せる」「メンテナンスコストを平均化できる」「土地の価値が高くなる」。さらに節税対策となり、事業承継の有効なツールとなる。まさに資産防衛策の「王道」です。強いて難点を挙げれば住宅系不動産よりも融資が受けにくいことですが、それも私たちが実績を積み上げることで、日に日に改善しています。

これだけ言い切っておいて恐縮ですが、実は、私は区分所有オフィスを節税対策のメインツールとしてはお勧めしていません。

私たちの会社は、自社でも複数の区分所有オフィスを所有し、ノウハウを蓄積しています。

その資産総額は約250億円。年間約30億円の収益があります。年間の人件費などの固定費のおよそ70％をこちらから稼ぎ出しています。これは非常に大きい。

資本金1億円強、従業員数260人余の会社が、どうやってこれほど大きな資産を持つことができたのか。それは地道に納税をしてきたからです。

ご存知のように金融機関に対する与信枠は、納税額に比例します。つまり、より多く納税すれば、より多くの融資を受けられる。私たちの会社は、これによって約250億円の資産を築き、年間約30億円の本業以外の収益を得ることができています。

会社に限らず、個人の資産防衛でも収入源を増やすことは節税効果よりも有効です。安易に節税対策を講じるよりも、与信枠をより多く確保し資産を増やし、収益源を所有した方が効率的なはずです。

節税は、資産形成の過程で得られるあくまで副次的なメリットととらえるべきです。

全員の相続人により多くの財産を承継できるように資産を増やした方が効率的ではないでしょうか。

資産防衛は、「守り」よりも「攻め」の姿勢が重要です。守ってばかりでは、今以上増えることはありませんが、攻めていれば増える可能性が広がります。

皆さんには、ぜひ区分所有オフィスを活用して、「攻め」の資産防衛を実践していただきたいと思います。

本書がそのきっかけになることを心から祈っています。

宮沢 文彦（みやざわ ふみひこ）
株式会社ボルテックス代表取締役社長。
平成元年、早稲田大学商学部卒業。同年、ユニバーサル証券株式会社（現三菱UFJモルガン・スタンレー証券株式会社）に入社。証券マンとして働く一方で不動産に着目し、不動産会社への転職を決意。平成7年、株式会社レーサム・リサーチ（現株式会社レーサム）入社、営業部長として活躍し、不動産投資コンサルティングを行う。そんななか、高い利回りが見込める「区分所有オフィス」に魅力を感じ、平成11年に独立。株式会社ボルテックスを設立し、現在に至る。

経営者新書 163

「区分所有オフィス」投資による
最強の資産防衛

二〇一六年七月二九日 第一刷発行

著 者 宮沢文彦
発行人 久保田貴幸
発行元 株式会社 幻冬舎メディアコンサルティング
〒一五一-〇〇五一 東京都渋谷区千駄ヶ谷四-九-七
電話〇三-五四一一-六四四〇（編集）
発売元 株式会社 幻冬舎
〒一五一-〇〇五一 東京都渋谷区千駄ヶ谷四-九-七
電話〇三-五四一一-六二二二（営業）
装 丁 幻冬舎メディアコンサルティング デザイン室
印刷・製本 シナノ書籍印刷株式会社

検印廃止

Printed in Japan ISBN978-4-344-97433-3 C0233
幻冬舎メディアコンサルティングHP http://www.gentosha-mc.com/